CORSO COMUNICATIVO DI ITALIANO

Gruppo META

libro dello studente

CAMBRIDGE
UNIVERSITY PRESS

PUBLISHED BY THE PRESS SYNDICATE OF THE UNIVERSITY OF CAMBRIDGE
The Pitt Building, Trumpington Street, Cambridge CB2 1RP, United Kingdom

CAMBRIDGE UNIVERSITY PRESS
The Edinburgh Building, Cambridge CB2 2RU, United Kingdom
40 West 20th Street, New York, NY 10011-4211, USA
10 Stamford Road, Oakleigh, Melbourne 3166, Australia

This edition first published 1993
Third printing 1997

Printed in Italy

ISBN 0 521 46814 0 paperback

Gruppo META: Lorenzo Blini, Francisco Matte Bon, Raffaella Nencini, Nicoletta Santoni.

Uno è il frutto della stretta collaborazione tra i componenti del Gruppo META, i quali hanno discusso e elaborato insieme ogni suo punto.

Progetto grafico e illustrazioni: Theo Scherling
Coordinamento grafico: Mauro Magni
Fotografie e collages: Gruppo META
Videoimpaginazione: SEA – Roma
Registrazioni: Studio 20 – Roma
Musica: Marco Faustini

Si ringraziano vivamente:

Pastificio Bettini, Roma: Il Messaggero, Roma; Osteria dell'Angelo, Roma: Mario Vedaldi;
per le fotografie: Alberto Simili (pp. 75, 78, 111, 128); Fabio Squarcia (pp. 10, 25); Valerio Varrone (p. 91);
per il brano 'Bambino io, bambino tu (legenda)': SAAR S.r.l. /Camomilla/ Warner Chapell; Polydor;
per gli effetti sonori: Errebiesse, Paderno D'Adda;
per le voci: Fabrizio Blini, Alessandra Bonacci, Dario D'Innocenzo, Diego Ferrin, Paola Giannini, Kristen Koster, Paula Matte Bon, Angela Pagano, Andrea Pantalani, Marisa Pola, Riccardo Rossi, Annamaria Ruaro, Francesco Taddeucci, Peter Thomas, Alessandra Tozzi, Alvise Zucconi, Costanza Zucconi.

Ringraziamo tutte le persone che hanno contribuito direttamente e indirettamente alla realizzazione di **Uno**. *In particolare desideriamo ringraziare Lourdes Miquel, Neus Sáns e Detlev Wagner per i suggerimenti forniti durante la stesura e la realizzazione del corso.*

Gruppo META

Legenda dei simboli

● ○
▲ △   Interlocutori nelle
■ □   trascrizioni di testi orali

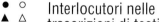 Esempio

 Attività d'ascolto*

* Le trascrizioni delle registrazioni il cui testo non è presente all'interno delle unità si trovano alle pagine 200 - 213

 Attività interattiva orale

 Attività di lettura

 Attività di scrittura

 Fonetica e intonazione

Titolo unità e contenuti generali	Contenuti nozionali e funzionali	Contenuti grammaticali	Aree lessicali	Contenuti culturali	Fonetica e ortografia
UNITÀ 1 **Puoi ripetere, per favore?** Elementi basilari per gestire la comunicazione in italiano	- elementi per comunicare in italiano - l'alfabeto - come dettare un nome al telefono - saluti e convenevoli - elementi per chiedere e dire il motivo di qualcosa	- presente del verbo **studiare**: prime due persone - **come mai** e **perché** - **per + infinito, per + sostantivo, perché + frase**	- lessico elementare: parole italiane già conosciute	- aspetti conosciuti dell'Italia - insegne e cartelli italiani	- l'alfabeto italiano
UNITÀ 2 **E tu come ti chiami?** Informazione personale I: parlare di sè stessi	- elementi per chiedere e dire nome e cognome - per rilanciare una domanda: **e tu?** - elementi per chiedere e dire la nazionalità - elementi per chiedere e dire dove si abita - elementi per identificare qualcuno - elementi per presentarsi	- gli interlocutori: **tu/lei** - informale/formale - pronomi personali soggetto: **io, tu, lei** - maschile e femminile degli aggettivi - domande che implicano una risposta di tipo **sì /no** - presente indicativo del verbo **essere**: prime tre persone - presente indicativo dei verbi in **-are** (**abitare**): prime tre persone. - **a + città / in + nazione** - tematizzazione del soggetto	- nomi di paesi e aggettivi di nazionalità	- nomi di battesimo	- l'accento tonico e grafico
UNITÀ 3 **Mi dai il tuo indirizzo?** Informazione personale II: parlare di sè stessi	- elementi per chiedere e dire la professione, l'età, l'indirizzo e il n° di telefono - numeri da 0 a 9 - elementi per ripetere una domanda - usi di **signor/signora** - darsi del **tu** o del **lei**	- pronomi personali soggetto: **io, tu** e **lei** formale - elementi sull'uso dei pronomi personali soggetto - presente indicativo di **avere** e **fare**: prime tre persone - **a/in + via/piazza/...**	- lessico di alcune professioni e materie di studio	- biglietti da visita - targhe con nomi di vie e piazze	- pronuncia e ortografia di /k/- /tʃ/ - /kw/
UNITÀ 4 **Mia sorella è medico** Informazione personale III: parlare degli altri	- quando non siamo sicuri di qualcosa: **credo** - pratica di tutti gli elementi funzionali e nozionali incontrati riferiti alle terze persone - numeri da 10 a 99	- pronomi personali soggetto: prime tre persone - pronomi personali soggetto plurali - possessivi: prime tre persone - singolare e plurale di aggettivi e sostantivi - presente indicativo del verbo **essere**: paradigma completo - presente indicativo dei verbi in **-are**, riflessivi, **avere, fare** e **potere**: prime tre persone - pronomi riflessivi: prime tre persone - verbi riflessivi (**chiamarsi**): prime tre persone	- la famiglia - professioni: ampliamento	- personaggi italiani famosi	- pronuncia e ortografia di /g/ e /dʒ/
UNITÀ 5 **La mattina mi alzo sempre presto.** Le attività quotidiane I: tempo e frequenza	- elementi per situare nel tempo - elementi per parlare della frequenza - elementi per chiedere e dire l'ora - elementi per parlare del tempo atmosferico	- presente indicativo dei verbi regolari in **-ere** e **-ire** e di alcuni irregolari frequenti (**andare, uscire, sapere**): prime tre persone - articoli: **il, la, l'** - avverbi di tempo e di frequenza: **mai, quasi mai, ogni tanto, molto spesso, sempre, di solito, generalmente**	- momenti della giornata - stagioni - giorni della settimana - mesi - attività quotidiane - lessico basilare sul tempo atmosferico	- il tempo nelle diverse regioni italiane - canzone: **Sabato sera** di Bruno Filippini	- pronuncia e ortografia dei suoni /ʎ/ e /ɲ/
UNITÀ 6 **Mi piace molto sciare** Le attività quotidiane II: orari, abitudini, gusti	- elementi per parlare degli orari - elementi per parlare delle attività quotidiane - elementi per parlare di gusti e abitudini legati alle attività quotidiane - se siamo d'accordo o vogliamo dire la stessa cosa: **anche, neanche** - se non siamo d'accordo o vogliamo dire il contrario: **a me sì/no, io sì/no, invece** - per prendere le distanze rispetto a qualcosa che si dice: **mah**	- preposizioni articolate: **all'/alle/dall'/dalle** - presente indicativo dei verbi regolari (**-are, -ere, -ire**) e di alcuni irregolari frequenti (**fare, andare, uscire**): paradigma completo - gli articoli: sistematizzazione generale - espressioni con l'ora: **a, da... a, tra... e, verso** - **mi piace/piacciono** - **molto/per niente**	- attività quotidiane: ampliamento	- gli orari degli italiani - come passano le feste gli italiani	- le consonanti doppie

Titolo unità e contenuti generali	Contenuti nozionali e funzionali	Contenuti grammaticali	Aree lessicali	Contenuti culturali	Fonetica e ortografia
UNITÀ 7 **Senta, scusi, per andare al Colosseo?** Lo spazio I: come situare qualcosa e come muoversi negli spazi esterni	- per fare domande sulla localizzazione nello spazio: **dov'è?** - elementi per localizzare nello spazio - elementi per chiedere e dare informazioni sul modo di arrivare in un luogo - elementi per parlare delle distanze: **a x minuti/chilometri...** - informarsi sull'esistenza e l'ubicazione di un posto - per richiamare l'attenzione di uno sconosciuto: **senta, scusi / senti, scusa**	- gli articoli indeterminativi - **c'è/ci sono** - contrasto **il/lo/la - un/uno/una** - preposizioni articolate: **al/allo/alla/del/dello/della** - avverbi e preposizioni usati per riferirsi allo spazio: **davanti a, dietro a, vicino a, tra... e, a destra di, a sinistra di**	- la città: via, piazza, ecc. - nomi di negozi e di alcuni edifici / servizi pubblici - mezzi di trasporto	- dove si comprano alcune cose - piantine di Roma: luoghi, nomi, ecc.	- contrasto /b/ - /p/
UNITÀ 8 **Mi serve un po' di latte** Gli oggetti I: quantità e prezzi	- pesi e misure - contenitori - quando non precisiamo la quantità: **un po' di, qualche,** partitivi - per chiedere qualcosa: **mi serve** - per valutare le quantità: **troppo/a/i/e, poco/a/i/che** - numeri: da 100 in poi - per dare un numero o una quantità in modo approssimativo: **circa** e **più o meno**	- preposizioni articolate: **di + articoli determinativi** - il partitivo	- pesi e misure - contenitori - cibi: introduzione	- ricevute e scontrini fiscali - monete e banconote italiane - cibi e confezioni di prodotti italiani	- contrasto /f/-/v/
UNITÀ 9 **Tu quale preferisci?** Acquisti I: cominciare a muoversi nei negozi	- elementi per identificare un oggetto tra diversi - strategia per riferirsi a oggetti di cui non si conosce il nome: **una cosa per...** - al bar: ordinare e chiedere il conto - fare acquisti: chiedere qualcosa in un negozio e chiedere il prezzo	- concordanza aggettivo - sostantivo: tabella riassuntiva - dimostrativi: quadro generale - presente indicativo dei verbi in **-ire** del tipo di **preferire**	- vestiti: introduzione - colori	- gli italiani e il bar - cose che si possono ordinare in un bar - listino prezzi di un bar	- contrasto /d/-/t/
UNITÀ 10 **Vi va di andare a casa di Betta?** Rapporti sociali I: fare insieme agli altri	- proporre attività da fare insieme, accettare e rifiutare - prendere appuntamenti: proporre un appuntamento, fare una proposta alternativa - elementi temporali: **prima di/dopo - tra/fra** - date	- pronomi personali soggetto e complemento indiretto: tabella riassuntiva - altri usi di **mi, ti, ci, vi** - pronomi complemento indiretto atoni / tonici: contrasto - espressioni verbali con pronome indiretto: **mi va/ti va/...** - presente indicativo dei verbi **potere, dovere, volere, venire:** paradigma completo	- attività da fare insieme	- gli spettacoli in Italia - le serate degli italiani	- contrasto /k/-/g/
UNITÀ 11 **Buongiorno, sono Marcella, c'è Franco?** La comunicazione telefonica	- gestione e controllo della comunicazione telefonica - saluti e convenevoli quando si parla con qualcuno che non si vede da molto tempo - elementi basilari per ripetere o trasmettere ciò che è stato detto da altri	- elementi basilari di stile indiretto: **che + frase / di + infinito** - pronomi complemento indiretto di terza persona: posizione e usi - pronomi personali complemento diretto di terza persona singolare: **lo, la** - pronomi personali complemento indiretto + **lo/la: me lo/...** - presente indicativo del verbo **stare** - il gerundio (morfologia) - **stare + gerundio**	- lessico legato al telefono e alla comunicazione telefonica	- telefoni italiani: monete, gettoni, schede telefoniche	- contrasto /tʃ/-/dʒ/

Titolo unità e contenuti generali	Contenuti nozionali e funzionali	Contenuti grammaticali	Aree lessicali	Contenuti culturali	Fonetica e ortografia
UNITÀ 12 Venerdì sera sono andato a una festa Il passato: raccontare avvenimenti passati in modo generico	- raccontare avvenimenti passati - marcatori temporali per riferirsi al presente e al passato - per chiedere di situare un avvenimento nel passato: **quando?** - elementi per situare un avvenimento nel passato con una data - per mettere in ordine gli elementi di un racconto: concetto di sequenza (**prima... poi... e poi...**)	- il participio passato: morfologia dei verbi regolari e di alcuni irregolari frequenti - passato prossimo con **essere** e con **avere** - passato prossimo dei verbi riflessivi - concordanza del participio passato nel passato prossimo con **essere** - avverbi e espressioni di tempo	- attività quotidiane: ampliamento - tappe della vita di una persona	- un regista italiano: Nanni Moretti - lettura: **Il filo dell'orizzonte** di Antonio Tabucchi	- pronuncia e ortografia di /gw/ e /kw/
UNITÀ 13 Un po' di esercizio Unità di revisione globale	- revisione generale degli elementi trattati nelle unità 1-12	- revisione e riutilizzo di quanto acquisito in precedenza	- ampliamento e riutilizzo di quanto acquisito in precedenza	- una grande attrice italiana: Anna Magnani - personaggi italiani della storia e della cultura artistica, letteraria e scientifica - gli italiani e le mete turistiche	- /ts/, /tʃ/ e /ʃ/: pronuncia, ortografia e contrasto
UNITÀ 14 Vi posso offrire qualcosa da bere? Rapporti sociali II: chiedere e offrire oggetti	- elementi per offrire oggetti, accettare e rifiutare - elementi per chiedere oggetti, accettare e rifiutare - elementi per chiedere in prestito - quando si dà un oggetto a qualcuno: **ecco/tieni/tenga**	- pronomi indiretti di prima e seconda persona singolare e plurale - **si** impersonale	- cose che si offrono - oggetti e cibi: revisione e ampliamento	- gli italiani e i complimenti - bevande e cibi italiani che vengono spesso offerti - cosa si offre e quando si offrono cose in Italia - come ci si comporta quando ci viene offerto qualcosa	- contrasto /l/-/ll/-/ʎ/
UNITÀ 15 Le dispiace se chiudo la porta? Rapporti sociali III: chiedere il permesso, chiedere e offrire di fare	- elementi per chiedere il permesso di fare qualcosa, concederlo e rifiutarlo - elementi per chiedere a qualcuno di fare qualcosa, accettare e rifiutare - elementi per offrire aiuto, accettare e rifiutare - elementi per offrire di fare qualcosa, accettare e rifiutare	- imperativo affermativo di **tu, lei e voi**	- cose che si chiede e si offre di fare		- **r** e doppia **r**: contrasto
UNITÀ 16 Ti piace la pizza? I cibi e il nostro rapporto con i cibi	- elementi per chiedere e spiegare la composizione di cibi - elementi per parlare dei gusti in rapporto con i cibi - per riferirci all'intensità: **per niente, non molto, abbastanza, molto, moltissimo, un po', troppo**	- superlativi - **con** /**senza** - verbi come **piacere**: ripresa	- i pasti - cibi: ampliamento e revisione - aggettivi per parlare dei sapori e delle sensazioni legate al cibo	- le abitudini alimentari degli italiani - breve storia della pasta - due tipiche ricette italiane: pasta alla carbonara e spaghetti aglio, olio e peperoncino - menù italiani	- consonanti sorde e sonore: revisione - pronuncia delle occlusive /b/, /g/ e /d/
UNITÀ 17 Per me un'insalata mista Acquisti II: il ristorante	- elementi per ordinare e chiedere cose in un ristorante - per riferirci a un nuovo elemento o a una quantità ulteriore di qualcosa: **un altro po' di/un altro/un'altra/altri/altre/...**	- pronomi complemento diretto di terza persona: quadro completo	- lessico della tavola - cibi: ampliamento e revisione	- gli italiani e i ristoranti - menù autentici - il conto al ristorante - le pizzerie a Roma	- contrasto /l/ - /r/
UNITÀ 18 Sai dov'è il telefono? Lo spazio II: situare e muoversi negli spazi interni	- elementi per localizzare nello spazio: ampliamento - elementi per descrivere la casa - per rispondere che non abbiamo qualcosa: **non ce l'ho/abbiamo**	- preposizioni articolate: tabella riassuntiva - presente indicativo del verbo **tenere** - avverbi e preposizioni di luogo	- la casa: stanze e arredamento	- le case italiane - oggetti presenti nelle case	- **s** e doppia **s**

Titolo unità e contenuti generali	Contenuti nozionali e funzionali	Contenuti grammaticali	Aree lessicali	Contenuti culturali	Fonetica e ortografia
UNITÀ19 Come si chiama quella cosa che si usa per lavarsi i denti? Gli oggetti II: descrizione degli oggetti e rapporto con gli oggetti	- elementi per descrivere gli oggetti - elementi per esprimere un parere su un oggetto: **mi sembra, lo trovo** - per parlare del materiale: **di + materiale** - elementi per parlare di libri e film - per parlare della proprietà: **di chi è? - è di...** - revisione globale sugli oggetti e la loro localizzazione	- possessivi: quadro generale - gradi dell'aggettivo: **molto/un po'/troppo** - riutilizzo dei superlativi - revisione della concordanza singolare/plurale con verbi tipo **mi piace/piacciono** e **mi sembra/sembrano** - il pronome relativo **che**	- oggetti: ampliamento - lessico della descrizione degli oggetti - vestiti: ampliamento	- film e libri famosi - oggetti italiani	- **m** e doppia **m** - **n** e doppia **n**
UNITÀ 20 Vorrei quelle scarpe che sono in vetrina... Acquisti III: per muoversi meglio nei negozi	- strategie per parlare di oggetti di cui non si conosce il nome: revisione - revisione e ampliamento degli acquisti: quando non ci piace la cosa che ci propongono, chiedere un'altra cosa simile, uscire senza acquistare, chiedere un pacco	- pronomi complemento oggetto di terza persona: tabella riassuntiva - **ne** - usi di **mah**: ripresa	- oggetti: ampliamento - vestiti: attività riassuntiva	- gli italiani e i regali	- **p** e doppia **p** - **b** e doppia **b**
UNITÀ 21 Luca? Sembra simpatico Gli altri: descrizione delle persone e rapporti con le persone	- elementi per descrivere le persone - elementi per esprimere un parere sulle persone: ripresa di **mi sembra** - elementi per fare paragoni: **più/meno + aggettivo**	- ripresa di **abbastanza, molto, un po'** e **troppo** - ripresa del superlativo - forme diminutive di aggettivi - pronome relativo **che**: riutilizzo	- vestiti: riutilizzo - lessico della descrizione delle persone - il corpo umano	- annunci personali tratti da un giornale - maschere italiane: Pulcinella, Pantalone, Colombina, Dottor Balanzone, Arlecchino	- **d** e doppia **d** - **t** e doppia **t**
UNITÀ 22 Non sapevi che stavano insieme? Il passato II: parlare di situazioni del passato	- elementi per descrivere situazioni del passato: l'imperfetto - per sottolineare un contrasto: **invece**	- imperfetto indicativo dei verbi regolari e di **essere** e **fare** - ripresa di **c'è/ci sono** e usi all'imperfetto: **c'era/c'erano** - il **ci** locativo	- le attività: revisione e ampliamento	- Roma un secolo fa e Roma oggi - canzone: **Bambino io, bambino tu** di Zucchero	- [s] e [z]
UNITÀ 23 Quando sono salita non c'erano molte persone Il passato III: racconti articolati al passato	- per parlare del passato: revisione e attività integrate di uso del passato prossimo e dell'imperfetto - elementi per parlare delle sensazioni e degli stati fisici ed emotivi	- usi di **appena, già, non ancora, ancora** e **sempre** - passato prossimo: concordanza tra il participio passato e il complemento diretto - il passato remoto: introduzione	- le attività: revisione e ampliamento - lessico legato alle diverse tappe della vita di una persona: ampliamento - cibi: revisione e ampliamento	- lettura: **Fanatico** di Alberto Moravia	- intonazione: frasi affermative e negative
UNITÀ 24 Domani sera gioco a tennis con Cesare Parlare del futuro: piani, progetti, desideri	- marcatori temporali del passato: revisione - marcatori temporali per riferirsi a momenti del futuro - elementi per parlare di azioni future - elementi per esprimere desideri - per introdurre un'informazione in contrasto con quanto appena detto: **ma** - per parlare di un'eventualità: **forse**	- condizionale di **volere** - usi di **prossimo, tra** e **fra** - elementi per parlare del futuro: usi del presente indicativo, di **dovere**, e di **pensare di + infinito**	- attività quotidiane e attività legate alle vacanze: revisione e ampliamento	- abitudini degli italiani legate al tempo libero	- intonazione: frasi interrogative - intonazione: contrasto tra frasi affermative, negative e interrogative
UNITÀ 25 Facciamo il punto Revisione generale e riflessione sul corso	- attività di revisione e valutazione globale del corso - valutazione e riflessione sull'andamento del corso in classe e sul manuale - valutazione e riflessione sul proprio processo di apprendimento da parte di ogni studente - attività di revisione funzionale sui contenuti del corso	- attività di revisione morfosintattica sui contenuti del corso	- attività di revisione lessicale	- riflessione sull'acquisizione/apprendimento di una lingua straniera	

Puoi ripetere, per favore?

1 Sicuramente conosci qualche parola di italiano.
Fai una lista. Hai 5 minuti. Vediamo chi conosce più parole.

2 Come si pronunciano queste parole? Prova a pronunciarle.
Se non ci riesci, chiedi aiuto al tuo insegnante.

● **Come si pronuncia questo?**

3 Sai cosa significano le parole che hai visto finora?
Parlane con il tuo insegnante e con i tuoi compagni.

● **Cosa vuol dire** *fermata* **?**

4 Pensa a tre parole o espressioni che vorresti sapere e chiedile al tuo insegnante.

● **Come si dice** *Thank you* **in italiano?**

○ *Grazie.*

● **Grazie.**

Ora scrivile. Se non sai come si scrivono, chiedilo al tuo insegnante.

● **Come si scrive** *telefono* **?**

○ **Ti, e, elle, e, effe, o, enne, o.**

L'ALFABETO ITALIANO

A	a	a
B	b	bi
C	c	ci
D	d	di
E	e	e
F	f	effe
G	g	gi
H	h	acca
I	i	i
L	l	elle
M	m	emme
N	n	enne
O	o	o
P	p	pi
Q	q	cu

R	r	erre
S	s	esse
T	t	ti
U	u	u
V	v	vu/vi
Z	z	zeta

Guarda anche il nome di queste lettere straniere:

J	j	i lunga
K	k	cappa
W	w	doppia vu
X	x	ics
Y	y	ipsilon/i greca

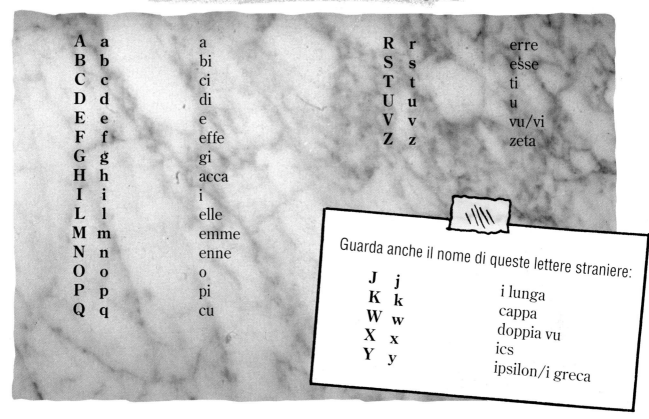

MASETTI,

MILANO, ANCONA, SALERNO, EMPOLI, TORINO, TORINO, ISERNIA.

Al telefono, per farci capire meglio, spesso usiamo i nomi delle città.

AHSEISTRANIERO ECOMEMAI STUDI L ITALIANO...

Se non capisci qualcosa, puoi chiedere:

● **Puoi ripetere, per favore?**

5 Ora chiedi il cognome ai tuoi compagni e scrivilo.

o Tu come ti chiami di cognome?
● Muhlbacher.
o Come si scrive?
● Emme, u, acca, elle, bi, a, ci, acca, e, erre. E tu?
o Io Lorenzetti.
● Come si scrive?
o L-o-r-e-n-z-e-doppia ti-i.

6 Ascolta le parole e scrivile.

7 Pensa a due parole e dettale ai tuoi compagni. Poi controlla se le hanno scritte bene.

8 Hai 5 minuti di tempo per scrivere tutte le parole italiane che ricordi. Poi leggile a voce alta.
Se non conosci le parole che leggono i tuoi compagni, chiedigli il significato.

9 Cosa dicono secondo te questi personaggi? Se non lo sai, chiedilo al tuo insegnante.

10 Perché studiano l'italiano?
Copri il testo, ascolta il dialogo e segna con una X le risposte che senti.

o Come mai studi l'italiano?
● Beh, ho il ragazzo a Roma.
o E tu?
△ Io perché mi piace.
o E tu? Perché studi l'italiano?
▲ Per lavoro.

	Per scrivere agli amici italiani
	Per leggere romanzi italiani
	Perché gli piace
	Per lavoro
	Per turismo
	Per parlare con il fidanzato
	Per studiare in Italia

Per chiedere il motivo di qualcosa

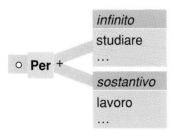

● **Come mai**   studi l'italiano   ?
  Perché   làvori in Italia
                   ...

Presente del verbo
studiare:

studi**o**   io
stud**i**   tu

o **Per** +   *infinito*
               studiare
               ...
               sostantivo
               lavoro
               ...

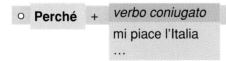

o **Perché** +   *verbo coniugato*
                 mi piace l'Italia
                 ...

11 Ora chiedi a ognuno dei tuoi compagni perché studiano l'italiano.

o Come mai studi l'italiano?
● Perché la mia famiglia è di origini italiane. E tu?
o ...

12 Ecco! Hai già imparato alcune cose in italiano.
Ora guarda come puoi salutare il tuo insegnante e i tuoi compagni alla fine della lezione.

Quando si va via

● Ciao	*informale*
● Arrivederci	*formale*

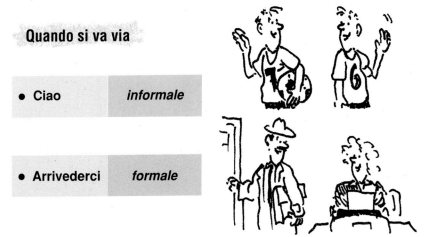

Ricordati che alla prossima lezione, quando arrivi, per salutare devi dire:

Quando si arriva

● Ciao	*informale*
● Buongiorno Buonasera	*formale*

E tu come ti chiami?

1   Guarda queste persone che si salutano. Cosa dicono?

2   Ascolta il dialogo senza leggere il testo.

- ● E tu come ti chiami?
- ○ Io sono Philippe.
- ● E tu?
- ■ Kurt.
- ● Di dove sei?
- ■ Tedesco. E tu sei francese, vero?
- ○ No, sono belga, di Bruxelles.
- ● E tu, come ti chiami?
- ▢ Maria. Sono olandese.

3   Guarda con l'aiuto del tuo insegnante come ci si possono scambiare informazioni personali.

Per chiedere il nome

● **Come ti chiami?**

○ *Nome (+ cognome)*

- ● Come ti chiami?
- ○ Antonio Marchesi.

~~● Come ti chiami?~~
~~○ Io mi chiamo Antonio Marchesi.~~

Normalmente non si ripetono
le parole già dette.

Per rilanciare una domanda

● **E tu?**

- ● Come ti chiami?
- ○ Federica. E tu?
- ● Carolina.

ALBERTO TERESA RAFFAELE CLAUDIA NICOLA STEFANIA
VALENTINO SIMONA PAOLA MARCO ROBERTA FABIO
ANNA LUCA VALERIA ANGELO LAURA DANIELE DANIELA
MIRKO EMANUELA IVAN MARIA SIMONE RITA GIORGIO
LUISA CESARE SELVAGGIA SALVATORE ANGELA ROBERTO
RAFFAELLA MARTINO NICOLETTA DAVIDE VALENTINA
ANDREA SIMONETTA MICHELE TIZIANA ADRIANO MARISA
FLORIANA   GIAMPIERO
EMANUELE **SALUTI** ROSSELLA
VIVIANA CRISTIAN
RICCARDO da GIOVANNA
ISABELLA ALFREDO
GIULIANO RENATA
SILVANA GIUSEPPE
VINCENZO MARA GIOVANNI LUCIA AGOSTINO MONICA
SERGIO GIORGIA ANTONIO MARCELLA PAOLO SARA
TIZIANO ILARIA CARLO IVANA LUCIANO ALESSANDRA
FRANCO SUSANNA GUIDO SERENA GABRIELE CATERINA
DIEGO DIANA CLAUDIO ARIANNA ENZO SABRINA PIETRO
ROSSANA ALDO ANTONELLA EZIO CHIARA LUIGI ALICE
MARIO VERA GIACOMO ELENA ALESSANDRO CINZIA
WALTER DONATELLA FABRIZIO MILENA MAURIZIO SILVIA
ENRICO PATRIZIA LORENZO MARILENA MARCELLO
GABRIELLA FRANCESCO KATIA GIANLUCA ADELE MASSIMO
LINDA OSCAR LORENA MAURO MARIAGRAZIA NUNZIO
LOREDANA STEFANO ROMINA VITTORIO OLGA UGO MARTA
FILIPPO NADIA BRUNO ESTER DOMENICO INES ERNESTO
GRAZIA EMILIO DORA ALESSIO PAMELA RENATO LIA
PATRICK ANNAMARIA FEDERICO FRANCA DARIO FEDERICA
MASSIMILIANO CARLA JACOPO MARZIA PATRIZIO ROSA
ORLANDO MARGHERITA SILVANO PERRY OLIVIERO LORY
EUGENIO LIDIA GIANFRANCO MIA MATTEO MARINELLA

Col pennarello circonda il nome scelto.

Quando chiediamo la nazionalità

● **Di dove sei?**

○ **Di** + *nome di città*

    Roma
    Madrid
    ....

○ *aggettivo
di nazionalità*

    inglese
    italiano/a
    tedesco/a

● **Sei** + *aggettivo
di nazionalità*   ?

    danese
    russo/a
    ....

○ **Sì**

○ **No,** (+ **sono**) + *aggettivo
di nazionalità*

    americano/a
    svedese
    ....

essere	sono	io
	sei	tu

 Ora ascolta ancora una volta il dialogo leggendo il testo.
Se c'è qualcosa che non capisci, chiedilo al tuo insegnante.

4 Guarda questi nomi di paesi e aggettivi di nazionalità.

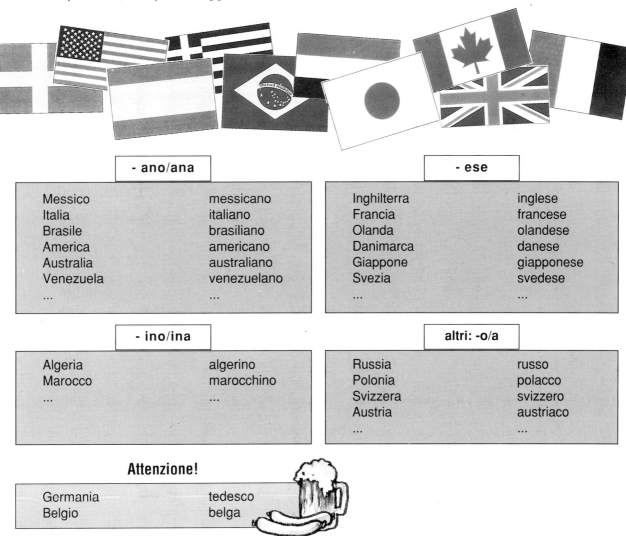

- ano/ana	
Messico	messicano
Italia	italiano
Brasile	brasiliano
America	americano
Australia	australiano
Venezuela	venezuelano
...	...

- ese	
Inghilterra	inglese
Francia	francese
Olanda	olandese
Danimarca	danese
Giappone	giapponese
Svezia	svedese
...	...

- ino/ina	
Algeria	algerino
Marocco	marocchino
...	...

altri: -o/a	
Russia	russo
Polonia	polacco
Svizzera	svizzero
Austria	austriaco
...	...

Attenzione!

Germania	tedesco
Belgio	belga

Se la tua nazionalità non compare in queste liste, chiedila al tuo insegnante.

maschile / femminile

maschile **lui** italiano
spagnolo
...

lui
lei olandese
francese
inglese
svedese

femminile **lei** italiana
spagnola
...

5 Ora, seguendo il modello del dialogo al punto 2, chiedi ai tuoi compagni e al tuo insegnante di dove sono e come si chiamano.

UNITÀ 2

6 Ascolta i dialoghi senza leggere il testo.

a.

- ● Sei spagnola?
- ○ No, messicana. E tu, di dove sei?
- ● Di Roma, ma abito a Parigi.
- ○ Come ti chiami?
- ● Simona, e tu?
- ○ Ledda.
- ● E abiti in Messico?
- ○ No, ora abito a Roma, da due anni.

b.

- ● Mi scusi, lei è il dottor Poletti?
- ○ Sì, sono io.
- ● Piacere, sono Zannini, della Raggio Gamma.

c.

- ● Mi può dire il suo nome?
- ○ Dario D'Innocenzo.

Ascolta di nuovo i dialoghi senza leggere il testo, e completa.

a.

Nome	Nazionalità	Residenza
		Parigi
Ledda		

b.

Il dottor Poletti e il sig. Zannini:

- ☐ sono amici
- ☐ non si erano mai visti prima
- ☐ non sono amici ma si conoscono

c.

Il signore si chiama:

- ☐ Mario D'Innocenzo
- ☐ Dario D'Innocenzo
- ☐ Ilario D'Innocenzo

 Ora ascolta ancora una volta i dialoghi leggendo il testo. Se c'è qualcosa che non capisci, chiedilo al tuo insegnante.

Sei capace di ripetere i dialoghi? Prova con un tuo compagno.

7 Hai notato che in italiano ci si può dare del **tu** o del **lei**?
Guarda la differenza.

Per rivolgerci a qualcuno in rapporti informali o amichevoli   tu

Per rivolgerci a qualcuno in rapporti formali   lei

 Secondo te i personaggi di questi disegni si danno del **tu** o del **lei**?
Parlane con i tuoi compagni e con il tuo insegnante.

8 Guarda questo e esercitati con un compagno, scambiandovi le parti.

 Quando ci si presenta

● **Io sono**   +   *nome* e/o *cognome*

● Io sono Enrico Vicenti. E tu?
○ Alberto Forti.

essere	
sono	io
sei	tu
è	lei

Quando chiediamo la residenza

● **Dove** | **abiti** / **abita** | ?

○ **A** +
- *città*
  - Parigi
  - ....
- *quartiere*
  - Trastevere
  - Testaccio
  - ...

○ **In** + *nazione*
- Italia
- Francia
- ...

Quando abbiamo già un'ipotesi e vogliamo confermarla

● **E abiti** | a Parigi / in Francia / ... | ?

○ **Sì**

○ **No, (abito)** | a Londra / in Inghilterra / .... |

abitare	
abit-**o**	io
abit-**i**	tu
abit-**a**	lei

Come **studiare** e **abitare**, quasi tutti i verbi che finiscono in **-are**

9 Ecco alcuni personaggi che si incontrano per la prima volta.
Che cosa si dicono? Parlane con un tuo compagno.

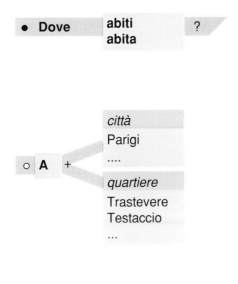

Henri Fourment
Parigi
francese
Londra

Francesco Sinatra
Roma
italiano
Siracusa

Susana Mendez
Madrid
spagnola
Vienna

Marco Chiarini
Roma
italiano
Roma

Dott. F. Gioacchini
Milano
italiano
Milano

Sig. Silvio Baldi
Roma
italiano
Firenze

Sig. Fabrizi
Genova
italiano
Roma

Sig.ra Mirkakis
Atene
greca
Atene

Daniela Zeri
Roma
italiana
Roma

Sig.ra Fiona Mc Donald
Edimburgo
scozzese
Edimburgo

10 **Quando vogliamo identificare qualcuno**

informale

● **Tu sei** + *nome e/o cognome* ?

○ **Sì, sono io**

○ **No, io sono** + *nome e/o cognome*

formale

● **Lei è il signor/la signora** + *nome e/o cognome* ?

○ **Sì, sono io**

○ **No, io sono** + *nome e/o cognome*

Ora lavorate in coppia. Uno dei due sceglie un nome tra quelli delle liste senza dire quale, e l'altro cerca di identificarlo. Poi scambiatevi i ruoli. Vediamo chi indovina più volte!

Francesco Giani
Roberto Zeri
Riccardo Rossi
Carlo Dante
Luigi Contu
Francesco Cantini
Filippo Egidi

Roberta Galterio
Letizia Ziaco
Cristina Binello
Alessandra Tozzi
Alessandra Catinelli
Giuliana Magni
Chiara Nencini

● Sei Francesco Giani?
○ Sì.

● Sei Roberta Galterio?
○ No. Sono Giuliana Magni.

11

Ascolta queste parole e sottolinea la vocale pronunciata con più intensità in ognuna di esse (vocale tonica).

australiano	giapponese	città	insegnante
abito	rumeno	svizzero	ripetere
austriaco	nazionalità	essere	studiare
marocchino	America	aggettivo	Algeria

Hai notato che la vocale che si pronuncia con più intensità in una parola non ha una posizione fissa, e può variare da una parola all'altra? D'ora in poi, quando impari una parola nuova, cerca sempre di ricordare qual è la vocale tonica.
Una cosa importante: osserva che l'accento grafico è presente solo quando la vocale tonica è l'ultima lettera della parola.

Ascolta di nuovo le stesse parole, e ripetile.

Hai notato che la vocale tonica è sempre un po' più lunga delle altre?
Ascolta di nuovo le stesse parole, e facci caso.

12

Di dove sono queste persone e queste cose?
Parlane con i tuoi compagni e con
il tuo insegnante.

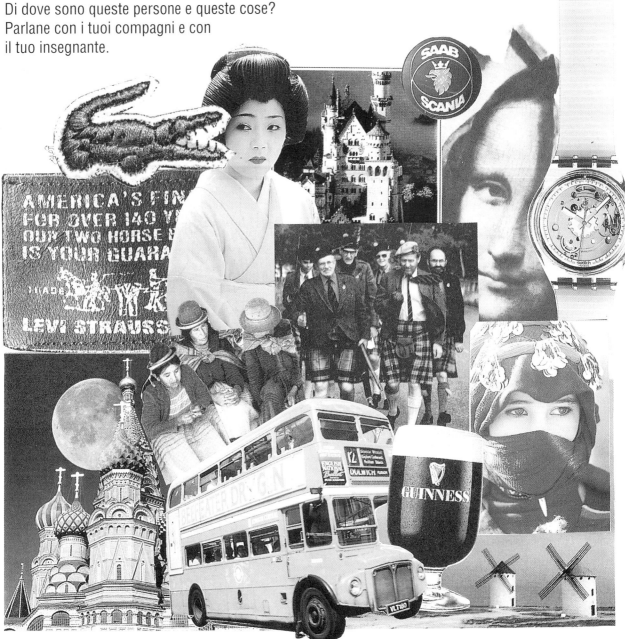

Mi dai il tuo indirizzo?

1 Conosci le parole **lavoro**, **indirizzo**, **sposato** e **telefono**? Se hai dei dubbi, parlane con i tuoi compagni e con il tuo insegnante.

Adesso copri il testo e ascolta quello che si dicono alcune persone che si sono appena conosciute.

a. ● E sei sposata?
  ○ No, no, vivo ancora con i miei, e tu?
  ● Io, sì. E ho anche una bambina.
  ○ Scusa, ma quanti anni hai?
  ● 23.

b. ● Allora, mi dai il tuo indirizzo?
  ○ Ah, sì, scusa. Corso Francia, 12. C'è il citofono.

c. ● Allora, se mi lasci il tuo telefono, mi informo e poi ti chiamo.
  ○ Ti ringrazio. Hai da scrivere? E' il 685.34.93.

  ● E che lavoro fa?
d. ○ Sono ingegnere, e lei?
  ● Lavoro in banca.

2 Guarda questo e esercitati con uno o due compagni.

Quando chiediamo la professione

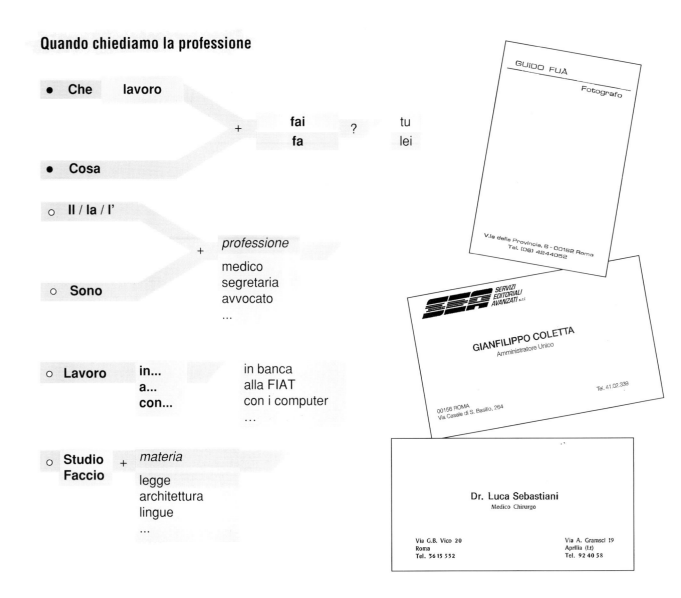

avere	fare	
ho	faccio	io
hai	fai	tu
ha	fa	lei

Per chiedere l'età

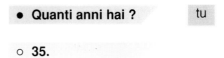

● **Quanti anni hai ?**   tu

○ **35.**

Se non lo sai dire, guarda i numeri delle pagine del libro.

Quando chiediamo lo stato civile

●	Sei	sposato/a	?	tu
	È			lei

○ Sì / No.

Quando chiediamo l'indirizzo o il numero di telefono

● Dove	abiti	?		tu
	abita			lei

○	A	+	via...	+ numero
	In		viale...	
			piazza...	

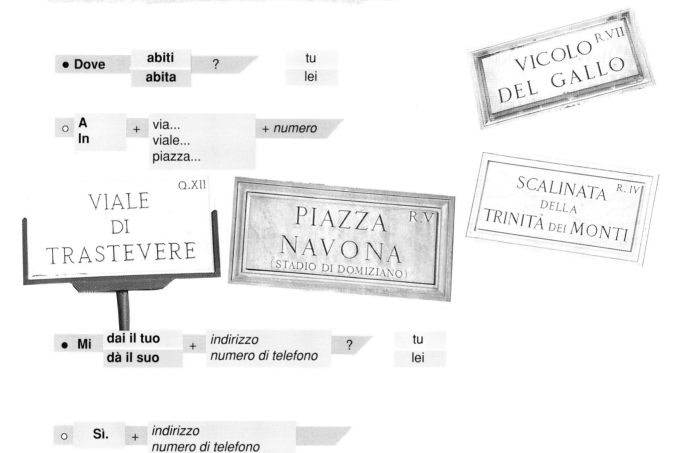

VICOLO R.VII DEL GALLO

VIALE DI TRASTEVERE Q.XII

PIAZZA NAVONA (STADIO DI DOMIZIANO) R.V

SCALINATA R.IV DELLA TRINITÀ DEI MONTI

● Mi	dai il tuo	+	indirizzo	?	tu
	dà il suo		numero di telefono		lei

○	Sì.	+	indirizzo
			numero di telefono

Numeri

1	uno		6	sei
2	due		7	sette
3	tre		8	otto
4	quattro		9	nove
5	cinque		0	zero

3 Ascolta di nuovo i dialoghi del punto 1 senza leggere il testo, e segna con una X quello che hai capito.

a. Le due ragazze:

	Sono sposate tutte e due
	Nessuna delle due è sposata
	Una è sposata e l'altra no
	Una delle due ha una bambina
	Nessuna delle due ha figli

b.

	Abita in via Francia
	Abita in corso Lancia
	Abita in corso Francia

c. Il numero di telefono è:

6853493
6584293
3856493
3853493

Ora ascolta ancora una volta i dialoghi leggendo il testo.
Se c'è qualcosa che non capisci, chiedilo al tuo insegnante.

4 Cerca di scoprire tutto quello che puoi sui tuoi compagni e sul tuo insegnante.

Prima, però, guarda cosa puoi dire se non ricordi qualcosa che ti hanno già detto:

● Come **hai detto** che ti chiami?   ● Di dove **hai detto** che sei?

○ Alberto.   ○ Di Roma.

● Ah, sì, è vero.   ● Ah, già, è vero.

5 Guarda questo.

I pronomi soggetto (**io, tu, lei**, ecc.) si usano solo se si sta parlando anche di altre persone o se ci sono altre persone presenti, per evitare confusione e/o per distinguersi dagli altri.

● Di dove sei?
○ Di Roma.
● Ah... Io sono di Milano.

Ora ascolta i dialoghi e cerca di notare la presenza e l'assenza dei pronomi soggetto.
Ti sembra di avere capito come si usano? Parlane con i tuoi compagni e il tuo insegnante.

a.

● Scusi, è lei la signora Manes?
○ No, io sono Agata Siciliano...

b.

● E quanti anni hai?
○ 18, e tu?

c.

● Che cosa fa?
○ Sono ingegnere... lei?
● Io sono insegnante.

d.

● È svedese?
○ No, danese.
● E abita in Italia?
○ Sì, a Roma. Sono medico.

Nei rapporti formali

per le donne:

Signora	+	(nome)	+	(cognome)
		Gianna		Vitali
		Marina		Chiarioni
		...		...

per gli uomini:

Signor	+	(nome)	+	(cognome)
		Fulvio		Egidi
		Giorgio		Galotti
		...		...

6

Adesso giochiamo. A turno uno di voi finge di essere uno di questi personaggi.
Gli altri gli fanno delle domande per scoprire chi è.

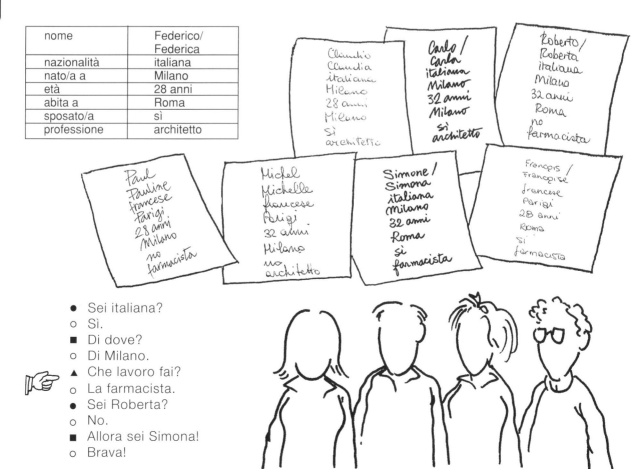

nome	Federico/ Federica
nazionalità	italiana
nato/a a	Milano
età	28 anni
abita a	Roma
sposato/a	sì
professione	architetto

● Sei italiana?
○ Sì.
■ Di dove?
○ Di Milano.
▲ Che lavoro fai?
○ La farmacista.
● Sei Roberta?
○ No.
■ Allora sei Simona!
○ Brava!

7 È stato commesso un delitto sull'autobus. La polizia chiede le generalità a tutti. Un tuo compagno è il poliziotto. Rispondi alle domande. Poi vi scambiate i ruoli. Se vuoi puoi inventare le risposte. Ricorda che il poliziotto deve dare del lei!

- Mi può dire il suo nome?
- o Carlo Argento.
- Che lavoro fa?
- o Sono ingegnere.
- Età?
- o ...

8 Ascolta queste brevi conversazioni. Si danno del tu o del lei? Segnalo con una X e sottolinea le parole che te lo hanno fatto capire.

	tu	lei
a.		
● Come mai studi l'italiano?	☐	☐
o Per fare un viaggio in Italia.		
b.		
● Il signor Anselmi?	☐	☐
o Sono io.		
c.		
● Scusa, dove hai detto che abiti?	☐	☐
o In via dei Vestini.		
● Ah, già.		
d.		
● Buonasera dottor Bombardini.	☐	☐
o Buonasera signora.		
e.		
● Mi può dire il suo nome?	☐	☐
o Vanghetti. Livio Vanghetti.		

9 Ascolta i dialoghi una o due volte e completa le schede.

a.

nome _____
cognome _____
luogo di nascita _____
età _____
nazionalità _____
professione _____
indirizzo _____
telefono _____

b.

nome _____
cognome _____
professione _____

c.

stato civile _____
figli _____

10 Ascolta le parole di questa lista. Fai attenzione a come si scrivono.

per**ché**	pia**ce**re	**ci**vile	**qua**ttro	**cin**que
farma**cis**ta	**scu**sa	**que**llo	**co**me	Fran**cia**
che	fac**cio**	**chi**amo	ameri**ca**na	qual**co**sa
fran**ce**se	**co**sa	Mar**che**si	ban**ca**	**cit**tà

Riesci a pronunciare bene i suoni /k/, /tʃ/ e /kw/? Ascolta di nuovo le parole e ripetile.

Hai notato come si scrivono i suoni /k/, /tʃ/ e /kw/?

/k/	ca	/tʃ/	cia	/kw/	qua	
	co		cio		quo	
	cu		ciu		—	
	chi		ci		qui	
	che		ce		que	

Ora ascolta ancora una volta le parole e cerca di scriverle senza guardare il libro.

Mia sorella è medico

1 Guarda quest'albero genealogico e completa le frasi. Chiedi al tuo insegnante il significato delle parole che non conosci.

genitori	nonni	padre	madre	marito
moglie	figlio	figlia	fratello	sorella

1. Teresa è la _____ di Giacomo.
2. Giacomo e Teresa sono i _____ di Sara e Gianluca.
3. Gianluca è il _____ di Sara.
4. Claudia è la _____ di Sara e Fabrizio.
5. Renato è il _____ di Gianluca e Ivana.
6. Tiziana è la _____ di Renato.
7. Gianluca è il _____ di Ivana.
8. Fabrizio è il _____ di Claudia.
9. Ivana è la _____ di Tiziana e Renato.
10. Giacomo e Teresa sono i _____ di Claudia, Renato e Tiziana.

essere	
sono	io
sei	tu
è	lui/lei
siamo	noi
siete	voi
sono	loro

singolare	*plurale*
fratell**o**	fratell**i**
ingles**e**	ingles**i**
sorell**a**	sorell**e**

2 Ecco i numeri da 10 a 99.

10	**dieci**	20	**venti**	30	**trenta**
11	**undici**	21	**ventuno**	31	**trentuno**
12	**dodici**	22	**ventidue**	32	**trentadue**
13	**tredici**	23	**ventitré**	...	...
14	**quattordici**	24	**ventiquattro**	40	**quaranta**
15	**quindici**	25	**venticinque**	50	**cinquanta**
16	**sedici**	26	**ventisei**	60	**sessanta**
17	**diciassette**	27	**ventisette**	70	**settanta**
18	**diciotto**	28	**ventotto**	80	**ottanta**
19	**diciannove**	29	**ventinove**	90	**novanta**

 Adesso giochiamo. Dovete contare fino a 70. Il primo dice **uno**, il secondo **due**, e così via. Quando si arriva ad un numero che contiene il 7 o ad un multiplo di 7, invece di dire il numero bisogna dire **ciao**. Chi sbaglia 3 volte è eliminato dal gioco. Arrivati a 70, ricominciate. Vince chi rimane solo, dopo l'eliminazione di tutti gli altri.

3 Guarda questi nomi di professioni. Se una professione che ti interessa non compare nella lista, chiedila al tuo insegnante.

meccanico	medico	avvocato	infermiera
cameriere	insegnante	segretaria	farmacista
operaio	impiegato	architetto	poliziotto

4 Hai già imparato ad usare i pronomi **io**, **tu** e **lei**. Adesso guarda come si usano le terze persone **lui** e **lei**.

io		*persona che parla*
tu	*informale*	*persona a cui si parla*
lei	*formale*	
lui	*maschile*	*persona di cui si parla*
lei	*femminile*	

Per situare rispetto alle persone: i possessivi

persone	*possessivi*	
io	**(il) mio**	**(la) mia**
tu	**(il) tuo**	**(la) tua**
lei	**(il) suo**	**(la) sua**
lui/lei	**(il) suo**	**(la) sua**

avere	fare	potere	abitare	chiamarsi	
ho	**faccio**	**posso**	abit-**o**	**mi** chiam-**o**	io
hai	**fai**	**puoi**	abit-**i**	**ti** chiam-**i**	tu
ha	**fa**	**può**	abit-**a**	**si** chiam-**a**	lei
ha	**fa**	**può**	abit-**a**	**si** chiam-**a**	lui/lei

5 Dividetevi in coppie e cercate di scoprire tutto quello che potete sulla famiglia dei vostri compagni. Chiedi al tuo insegnante le parole che non conosci.

- ● Quanti siete in famiglia?
- ○ 5: mio padre, mia madre, mia sorella, mio fratello e io.
- ● Come si chiama tua sorella?
- ○ Antonella.
- ● Quanti anni ha?
- ○ Ventiquattro.
- ● Cosa fa?
- ○ È insegnante d'inglese.
- ● E tua madre, di dov'è?
- ○ È di Roma, come mio padre.
- ● ...

6 Racconta al resto della classe quello che hai saputo sulla famiglia del tuo compagno.

- Walter ha due sorelle e un fratello. Una sorella fa la segretaria, e l'altra è infermiera. Il fratello studia architettura. Le sorelle sono tutte e due sposate. Una ha anche due figli. Il fratello non è ancora sposato.
  - ○ Quanti anni ha?
  - ● Venticinque.
  - ○ Come si chiama?
  - ● Ernesto.
  - ○ ...

7 Dividetevi in coppie e compilate le schede con le informazioni personali di queste quattro persone. Uno dei due deve riempire le caselle bianche, e l'altro le caselle grige.

Sara   Lorenzo   Pietro   Raffaella

	Sara	Lorenzo	Pietro	Raffaella
nato/a a				Modena
anni	22			
abita a				
indirizzo				
telefono				
professione		insegnante		
sposato/a			no	

Adesso fatevi delle domande per completare le schede.

8 Guarda questo.

Per presentare qualcuno

- **Questo/a è** + *nome* + *informazione*

  Fabrizio — mio fratello
  Ada Sabatini — una mia amica
  il signor Bergamo — il mio vicino
  ... — ...

Ora dividetevi in gruppi di 3, e presentate a turno i vostri compagni usando i nomi della lista.

Giorgio	Barbara Bonini	Dott. Dario Vano
Serena	Michele Casciani	Sig.ra Mazzuoli
Fabrizia	Carlo Torelli	Sig. Galotti
Riccardo	Paola Tenaglia	Dott.ssa Chiarcossi

9

Ecco una lista di personaggi famosi, e alcune foto. Cerca di identificare quelli rappresentati nelle fotografie, e di scoprire tutto quello che puoi su quelli che ti interessano: professione, di dove sono, dove abitano... Parlane con i tuoi compagni. Vediamo chi sa più cose sull'Italia di oggi.

- ● E questo chi è?
- ○ Andreotti
- ● E questa?
- ○ Gianna Nannini.
- ● Cosa fa?
- ○ La cantante.
- ● Dove abita?
- ○ Non lo so...

- ● Chi è Gianfranco Ferrè?
- ○ Uno stilista, credo.

- ○ Di dov'è Alberto Tomba?
- ● Di Bologna.

Gianluca Vialli	Gianni Agnelli	Vittorio Gassman
Giulio Andreotti	Luca di Montezemolo	Luciano Pavarotti
Riccardo Muti	Sophia Loren	Italo Calvino
Achille Occhetto	Arrigo Sacchi	Giorgio Armani
Gianna Nannini	Pietro Mennea	Silvio Berlusconi
Alberto Sordi	Enzo Ferrari	Gianfranco Ferrè
Nicola Trussardi	Federico Fellini	Valentino
Umberto Eco	Bernardo Bertolucci	Eros Ramazzotti
Pierpaolo Pasolini	Alberto Tomba	Bettino Craxi
Luciano Benetton	Sandro Pertini	Claudio Abbado
Totò Schillaci	Isabella Rossellini	Marcello Mastroianni
Ornella Muti	Alberto Moravia	Carla Fracci
Oriana Fallaci	Gelindo Bordin	Giuseppe Tornatore
Paolo Rossi	Francesco Cossiga	Sabrina Salerno

Quando vogliamo identificare qualcuno ● **Questo chi è** ?

Quando non siamo sicuri di qualcosa ○ *Informazione* + **credo**

10 Leggi questo testo.

Mi chiamo Angelo Fabbri. Sono nato a Siracusa, ma mia madre è di Milano e mio padre di Genova. Sono medico, lavoro al Policlinico di una cittadina vicino Bologna.
Mia moglie è avvocato. Siamo sposati da quattro anni, e abbiamo una bambina di due anni e mezzo, Fabrizia, che ha cambiato la nostra esistenza.
Mio padre faceva l'infermiere, per cui sin da bambino sono stato in contatto con il mondo della medicina. Mia madre fa la casalinga, ha 72 anni e vive a Roma.
Ho tre fratelli e due sorelle, con cui vado molto d'accordo. Purtroppo non li vedo spesso, perché abitano tutti a Roma. Sono tutti sposati, ma solo una delle mie sorelle e uno dei miei fratelli hanno figli. In tutto ho cinque nipotini. Mio fratello Gianni, il più grande, ha 43 anni, e fa il commercialista. Paolo, il secondo, è avvocato. Massimo, il terzo fratello, è più piccolo di me, ha 32 anni, e fa l'insegnante d'italiano per stranieri da cinque anni.
Le mie sorelle: Anna ha 38 anni ed è casalinga, e Giulia, che ha 37 anni, lavora nel campo della pubblicità. Il marito, mio cognato Roberto, fa il giornalista. Siamo tutti nati a Siracusa, meno Massimo, che è nato a Roma.
Tra tutti i miei parenti, quello con cui vado più d'accordo è Lorenzo, il marito di mia sorella Anna. Lo conosco sin da quando eravamo bambini. Ha la mia età, 39 anni, e siamo andati a scuola insieme. Ora stiamo scrivendo un libro. Sono contento, perché così posso vederlo un po' più spesso e chiacchierarci. Hanno due bambini molto simpatici, Nicola e Daniela. Devo dire che li conosco molto meglio dei figli di Paolo.

Ora leggilo di nuovo una o due volte e completa.

nome e cognome
età
professione
stato civile
figli
luogo di nascita

Angelo Fabbri

fratelli e sorelle per ordine di età

nome	età	nato/a a	abita a	professione	sposato/a con	n.figli

11

Ascolta questi due ragazzi che si incontrano in un porto della Corsica.

Ora ascolta il dialogo ancora una o due volte, e completa.

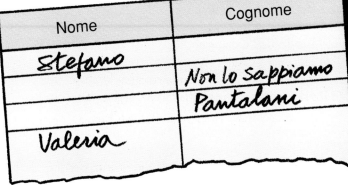

Nome	Cognome
Stefano	Non lo sappiamo
	Pantalani
Valeria	

Tutti e quattro abitano a Roma ☐
Tutti e quattro abitano sulla Cassia ☐
Solo uno abita in via San Godenzo ☐
Gianni studia educazione fisica all'ISEF ☐
Stefano lavora sulla barca ☐
Gianni è in vacanza in Corsica ☐

12

Ascolta le parole senza guardare il libro e ripetile.

Ascoltale di nuovo facendo attenzione a come si scrivono.

Giacomo	**Giu**liana	**ge**nitori	impie**ga**to
buon**gio**rno	ra**ga**zzo	**Ge**rmania	Pari**gi**
In**ghi**lterra	**già**	Un**ghe**ria	dialo**go**
dialo**ghi**	Bel**gio**	bel**ga**	**gia**pponese
al**ge**rino	leg**gi**	**gio**rnalista	**Gia**nni

Hai notato come si scrivono i suoni /g/ e /dʒ/? Ti ricordi dei suoni /k/ e /tʃ/ che abbiamo visto nell'Unità 3? /g/ e /dʒ/ funzionano in modo simile.

/g/
ga
go
gu
ghi
ghe

/dʒ/
gia
gio
giu
gi
ge

Ora ascolta ancora una volta le parole e cerca di scriverle senza guardare il libro.

La mattina mi alzo sempre presto.

1 Guarda i nomi dei vari momenti della giornata.

la mattina **il pomeriggio** **la sera** **la notte**

il	+	*sostantivo maschile*	il pomeriggio
la	+	*sostantivo femminile*	la sera

 Mattina, pomeriggio, sera o notte? Guarda questi disegni e parlane con un tuo compagno.

2 Ed ecco i nomi delle stagioni.

la primavera   l'estate   l'autunno   l'inverno

l' + *sostantivo che inizia con vocale*	l'estate
	l'autunno

 In che stagione siamo? Parlane con un tuo compagno.

_____   _____   _____

_____   _____   _____

3 Ora ascolta una canzone di qualche anno fa.

SABATO SERA

> *Lunedì, com'è triste il lunedì senza te.*
> *Martedì, com'è vuoto il martedì senza te.*
> *Mercoledì ci potremo salutar solamente per telefono,*
> *come pure giovedì e venerdì.*
>
> *Ma sabato sera ti porto a ballare,*
> *ti potrò baciare, ti potrò baciare.*
> *Ma sabato sera ti porto a ballare*
> *e potrò restare con te.*
> *Ma sabato sera ti porto a ballare,*
> *ti potrò baciare, ti potrò baciare.*
> *Ma sabato sera ti porto a ballare*
> *e potrò restare con te.*
>
> *Lunedì, si comincia a lavorar, lunedì.*
> *Martedì, si comincia ad aspettar, martedì.*
> *Mercoledì un bacetto ti darò solamente per telefono,*
> *come pure giovedì e venerdì.*
>
> *Ma sabato sera ti porto a ballare,*
> *ti potrò baciare, ti potrò baciare.*
> *Ma sabato sera ti porto a ballare*
> *e potrò restare con te.*
> *...*

I giorni della settimana

> il lunedì
> il martedì
> il mercoledì
> il giovedì
> il venerdì
> il sabato
> la domenica

maggio

lun		4	11	18	25
mar		5	12	19	26
mer		6	13	20	27
gio		7	14	21	28
ven	1	8	15	22	29
sab	2	9	16	23	30
dom	3	10	17	24	31

4 Quando fai queste cose? Completa la scheda.

	il lunedì	il martedì	il mercoledì	il giovedì	il venerdì	il sabato	la domenica	la mattina	il pomeriggio	la sera	la notte	in primavera	d'estate	in autunno	in inverno
alzarsi															
cenare															
sciare															
pranzare															
fare la doccia															
riposarsi															
vacanze															
vestirsi															
andare al cinema															
lavorare															
leggere															
dormire															
fare la spesa															
andare in palestra															
fare colazione															

5 Scrivi una frase con una cosa che fai in ognuno di questi momenti.

> Il lunedì lavoro.
> La mattina mi vesto.
> ...

il lunedì pomeriggio   la notte   in inverno   il sabato sera

la domenica mattina   in primavera   d'estate   in autunno

leggere	dormire
leggo	dormo

Attenzione!

andare	uscire
vado	esco

6 Ogni quanto tempo fai queste cose? Completa la scheda.

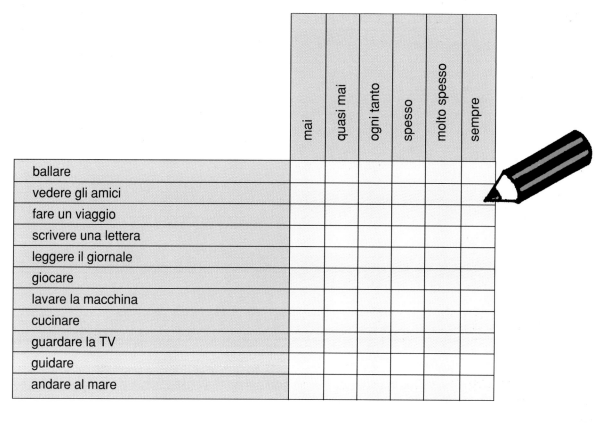

	mai	quasi mai	ogni tanto	spesso	molto spesso	sempre
ballare						
vedere gli amici						
fare un viaggio						
scrivere una lettera						
leggere il giornale						
giocare						
lavare la macchina						
cucinare						
guardare la TV						
guidare						
andare al mare						

Per riferirsi alla frequenza

non _____	mai	**Non** vado **mai** a teatro
non _____	quasi mai	**Non** esco **quasi mai**
non _____	molto spesso	**Non** vado **molto spesso** al cinema
ogni tanto		**Ogni tanto** faccio un po' di sport
spesso		Lavoro **spesso** di sera
sempre		D'estate vado **sempre** al mare

VADO DAL BARBIERE UNA VOLTA ALL'ANNO!

FACCIO TRE DOCCE AL GIORNO!

7

Con quale frequenza fai queste cose?
Pensaci un attimo e per ogni elemento della lista scrivi una frase.

> andare al cinema
>
> andare a teatro
>
> andare a cena fuori
>
> fare una festa
>
> cenare in terrazza o in giardino
>
> fare colazione a letto
>
> cenare davanti alla televisione
>
> lavare i vetri
>
> stirare
>
> rifare il letto
>
> andare in discoteca
>
> visitare un museo
>
> prendere l'aereo
>
> fare un viaggio in nave
>
> andare in bicicletta
>
> fare la spesa

Vado spesso al cinema.
Non vado mai a teatro.

8

Parla con un tuo compagno della frequenza con cui fate le cose della lista del punto 7.
Prendi appunti su quello che ti dice.

Prima, però, guarda come puoi fare domande sulla frequenza.

- Guardi **mai** la televisione la sera?

○ **(Sì/No)** + *frequenza*

- Ti addormenti mai mentre lavori?
- ○ Ogni tanto, quando sono molto stanco. E tu, vai mai al mare in inverno?
- No, quasi mai. Mi piace molto il mare in inverno, ma non ho mai tempo.

Ecco la seconda e la terza persona del presente degli stessi verbi di prima.

legg**ere**	dorm**ire**	**andare**	**uscire**	
legg**o**	dorm**o**	**vado**	**esco**	io
legg**i**	dorm**i**	**vai**	**esci**	tu
legg**e**	dorm**e**	**va**	**esce**	lui/lei

Ora racconta al resto della classe quello che hai saputo del tuo compagno.

9 Ascolta queste interviste e scrivi sotto a ogni personaggio con quale frequenza va al cinema.

_____ _____ _____ _____ _____

10 Guarda questo.

Per dire l'ora

• È	mezzogiorno mezzanotte l'una	e	dieci un quarto venti mezzo/a ...
• Sono le	due tre ...	meno	venti un quarto dieci ...

Sono le cinque   Sono le quattro e dieci   Sono le sei e un quarto   Sono le sette e mezza   Sono le dieci e trentacinque

Sono le dodici meno un quarto   È l'una meno dieci   È mezzogiorno   È mezzanotte   È mezzogiorno e mezza

In contesti ufficiali, dopo le ore 12.00 si usa dire le **tredici**, le **sedici e quarantacinque**, ecc.

11 Ora scrivi e dì che ora fanno questi orologi.

12 Ascolta e segna quale orologio corrisponde a ogni conversazione.

Ascolta di nuovo i dialoghi e scrivi le forme che si usano per chiedere l'ora.

13 Guarda questo.

Per chiedere l'ora

- Sai | l'ora | ?
  Sa

- Mi | puoi | dire l'ora | ?
     | può |

Nei rapporti confidenziali o quando sappiamo che l'altro ha l'orologio

- **Che ora è?**

- **Che ore sono?**

Hai notato queste cose?

Quando abbiamo bisogno di chiedere qualcosa, per attirare l'attenzione di uno sconosciuto usiamo **Senti**, **scusa** se gli diamo del *tu*, e **Senta, scusi** se gli diamo del *lei*.

Quando vogliamo chiedere qualcosa cortesemente usiamo **per favore**.

Nell'Unità 4 hai visto le prime 3 persone del presente di **potere**. Adesso guarda **sapere**.

sapere	
so	io
sai	tu
sa	lui/lei

14 E adesso passiamo a un altro tipo di tempo.

Per parlare del tempo atmosferico

- Fa
  - molto / abbastanza / Ø / ... | caldo / freddo
  - bel / brutto / ... | tempo

- Piove / Nevica | molto / poco

- C'è | il sole / la nebbia / vento / ...

- È | molto / abbastanza / ... | nuvoloso

Com'è il tempo nella tua città nei diversi mesi e nelle diverse stagioni dell'anno?
Parlane con un tuo compagno.

UNITÀ 5

gennaio	aprile	luglio	ottobre
febbraio	maggio	agosto	novembre
marzo	giugno	settembre	dicembre

Per riferirsi alla frequenza si può usare inoltre

di solito	Il venerdì **di solito** gioco a pallone.
generalmente	La sera **generalmente** guarda la TV.

- • A aprile a Roma di solito fa bel tempo, c'è il sole.
- ○ Anche a Madrid.
- • A Berlino piove spesso.

15 Cosa sai del tempo in questi paesi nei diversi periodi dell'anno? Parlane con i tuoi compagni e con il tuo insegnante. Vediamo chi ne sa di più.

Russia	Francia	Germania	Inghilterra
Giappone	Canada	Argentina	Kenya

- • Che tempo fa in Germania a gennaio?
- ○ Piove spesso e fa freddo.
- • Sì, e anche in Francia.
- ○ E in Brasile, che tempo fa a gennaio?
- • Non lo so.
- ○ Secondo me fa bel tempo.

16 Ascolta e dì quale disegno corrisponde a ogni conversazione.

17 Leggi questo testo sul tempo nelle diverse regioni italiane.
Se c'è qualcosa che non capisci, chiedilo al tuo insegnante.

Domenica

G razie alla sua posizione al centro del Mediterraneo, l'Italia ha, nell'insieme, un clima molto gradevole.

L'autunno è in genere una stagione mite sia al nord che al sud: ad ottobre, a Milano, il problema maggiore è la nebbia, mentre in Sicilia si può ancora andare al mare.

In inverno raramente la temperatura scende sotto lo zero a Roma o a Napoli, mentre al nord, o in montagna, oppure in zone lontane dalla costa, gli inverni sono un po' più lunghi e più freddi.

La primavera, al centro e al sud, comincia verso marzo: il tempo è variabile, la pioggia e il sole si rincorrono, le nuvole passano veloci nel cielo...

E arriva l'estate: ovunque fa molto caldo, solo in montagna, sulle Alpi o sull'Appennino, qualche volta piove. Ad agosto, a causa dell'umidità, a Bologna può fare più caldo che a Palermo. Strano ma vero!

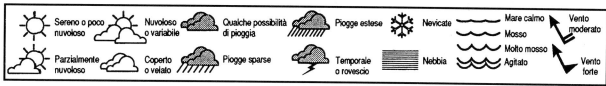

Ora, insieme ai tuoi compagni e al tuo insegnante, provate a scrivere un testo come quello che avete appena letto sul tempo nel vostro paese.

18 Ascolta le parole di queste due liste. Fai attenzione a come si scrivono.

| compa**gno** | inse**gn**ante | giu**gno** | inge**gn**ere |
| fale**gn**ame | spa**gn**olo | co**gno**me | dise**gno** |

| lu**glio** | mo**glie** | fi**glio** | fami**glia** |
| **gli** | sve**glia**rsi | Gu**glie**lmo | fo**glio** |

Riesci a pronunciare bene i suoni /ɲ/ e /ʎ/? Ascolta di nuovo le parole e ripetile.

	/ɲ/		/ʎ/
Hai notato come si scrivono i suoni /ɲ/ e /ʎ/?	gni		gli
	gne		glie
	gna		glia
	gno		glio
	gnu		gliu

Ora ascolta ancora una volta le parole e cerca di scriverle senza guardare il libro.

Mi piace molto sciare

1 Guarda cosa diciamo quando parliamo degli orari.

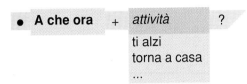

● **A che ora** + *attività* ?

ti alzi
torna a casa
...

○ **A**

ora precisa

○ **Verso**

ora approssimativa

+ *ora*

l'una
le cinque
mezzogiorno
l'ora di pranzo
...

○ **Dalle** + *ora* **alle** + *ora* | periodo di tempo |

| a + l' | **all'** |
| le | **alle** |

| da + l' | **dall'** |
| le | **dalle** |

● Di solito a che ora
vai a dormire?
○ Verso mezzanotte, perché?

Di solito a che ora fai queste cose? Parlane con un tuo compagno.

alzarsi	fare colazione	pranzare
tornare a casa	cenare	andare a letto
addormentarsi	andare al lavoro/a scuola/all'università	fare la doccia

● Tu a che ora ti alzi?
○ Di solito alle sette e mezza. E tu?
● Io alle otto. Quando il tempo è bello a volte mi alzo prima e vado a fare una passeggiata.

Ora racconta al resto della classe quello che hai saputo sugli orari del tuo compagno.

ⓐ **ore 7.30:** spiagge dorate... cieli azzurri... driiiiiin! La sveglia dice stop. ⓑ **ore 8.20:** mi siedo in macchina, allaccio la cintura e mi getto nella mischia. ⓒ **ore 9.30:** un'agenda mi ricorda la riunione. La segretaria mi ricorda che alle 17 devo volare all'aeroporto. ⓓ **ore 11.00:** la mia proposta giace sul tavolo. Il mio umore un po' più giù. ⓔ **ore 12.25:** colazione con il commercialista. Devo chiamare Elena! Due caffè, grazie. ⓕ **ore 14.00:** piedi sulla scrivania... relax... Sì, no, davvero, arrivo subito, direttore. ⓖ **ore 16.05:** dica che richiamo io, domani... ah già, sono a Roma. Chi? Adesso no, domani. ⓗ **ore 16.08:** vado... no, ho solo un po' di bruciore di stomaco. Come? Un, due, tre, Digestivo Antonetto e via. Sto meglio. Grazie. ⓘ **ore 16.20:** tutti semafori rossi! Meno male che il bruciore di stomaco è scomparso. Devo chiamare Elena!

2   Ascolta Paolo che parla di una sua giornata e scrivi a che ora fa queste cose.

si alza   _____
fa la doccia   _____
fa colazione   _____
studia   _____
pranza   _____
legge il giornale _____
lavora   _____
va a dormire   _____

3

Leggi questo testo sugli orari degli italiani.
Se c'è qualcosa che non capisci chiedilo al tuo insegnante.

In Italia soltanto nelle grandi città, e soltanto alcuni negozi particolari (per esempio grandi magazzini come la Standa o la Rinascente) sono aperti tutto il giorno senza interruzione. Normalmente, infatti, i negozi sono aperti tra le otto e mezza/nove e l'una, e tra le quattro e le sette e mezza/otto, con variazioni locali e stagionali.

Alle due chiudono quasi tutti gli uffici pubblici, mentre le banche, di pomeriggio, aprono per un'ora soltanto. La domenica poi tutti i negozi sono chiusi, tranne le farmacie di turno. Anche se è difficile generalizzare sugli orari dei pasti, si può dire che in media, e se il lavoro lo permette, gli italiani pranzano all'una e cenano alle otto. Esistono comunque variazioni locali abbastanza notevoli: al nord si tende ad anticipare il pranzo a mezzogiorno e mezza e la cena alle sette e mezza, mentre al sud si pranza più tardi, verso le due, e si cena verso le nove.

Sono molto diversi gli orari nel tuo paese? Insieme ai tuoi compagni e al tuo insegnante, spiegatelo in un testo simile a quello che avete appena letto.

4 Ascolta i dialoghi e completa.

a.

Il ragazzo va in palestra	la mattina	☐
	il pomeriggio	☐
	la sera	☐
Il lavoro del ragazzo è	il gommista	☐
	il barista	☐
	l'artista	☐
Il ragazzo lavora	dalle due alle sei	☐
	dalle tre alle sette	☐
	dalle due alle sette	☐

b.

La ragazza non passa mai il fine settimana fuori	☐
La ragazza esce sempre il sabato e la domenica	☐
La ragazza va qualche volta in campagna	☐

d.

I due uomini non vanno in palestra il sabato	☐
I due uomini lavorano il sabato	☐
I due uomini passano il sabato con la famiglia	☐
I due uomini passano il sabato in casa	☐

5 Guarda questo e esercitati con un tuo compagno.

Quando parliamo delle attività

● Cosa fai la domenica?
○ Di solito vado a giocare a pallone con mio figlio.

Facciamo il punto sui verbi. Ecco tutto il presente.

-are	-ere	-ire	riflessivi	
lavorare	prendere	dormire	alzarsi	
lavoro	prendo	dormo	mi alzo	io
lavori	prendi	dormi	ti alzi	tu
lavora	prende	dorme	si alza	lui/lei
lavoriamo	prendiamo	dormiamo	ci alziamo	noi
lavorate	prendete	dormite	vi alzate	voi
lavorano	prendono	dormono	si alzano	loro

Guarda anche questi verbi irregolari.

fare	andare	uscire	
faccio	vado	esco	io
fai	vai	esci	tu
fa	va	esce	lui/lei
facciamo	andiamo	usciamo	noi
fate	andate	uscite	voi
fanno	vanno	escono	loro

6 Guarda cosa puoi dire per parlare dei tuoi gusti.

- **Mi piace**
  Mi piace molto
  Non mi piace
  Non mi piace per niente
  ...

  \+ *infinito*

  giocare a tennis
  leggere
  ...

  \+ *sostantivo singolare*

  il calcio
  lo sport
  ...

- **Mi piacciono (molto)**
  Non mi piacciono (per niente)
  ...

  \+ *sostantivo plurale*

  i bambini
  gli spaghetti
  ...

MI PIACE PARLARE ITALIANO!

Facciamo il punto sugli articoli.

	singolare
il +	*sostantivo maschile che inizia per consonante* **il** pranzo
lo +	*sostantivo maschile che inizia per* s + *consonante* **lo** spagnolo
l' +	*sostantivo maschile o femminile che inizia per vocale* **l'**amico **l'**estate
la +	*sostantivo femminile che inizia per consonante* **la** sera

	plurale
i +	*sostantivo maschile che inizia per consonante* **i** pranzi
gli +	*sostantivo maschile che inizia per* s + *consonante o per vocale* **gli** spagnoli **gli** amici
le +	*sostantivo femminile che inizia per vocale o per consonante* **le** estati **le** sere

7 Pensa alle 5 cose che preferisci fare, e alle 5 cose che ti piacciono di meno. Poi scrivi delle frasi.

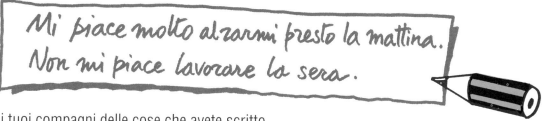

Mi piace molto alzarmi presto la mattina.
Non mi piace lavorare la sera.

 Ora parla con i tuoi compagni delle cose che avete scritto.
Fate una piccola statistica. Chi è il più originale tra voi?

Se siamo d'accordo o vogliamo dire la stessa cosa: anche/neanche

- Mi piace alzarmi presto. ☺
- Anche a me. ☺

- Il sabato lavoro sempre. ☺
- Anch'io. ☺

- Non mi piace alzarmi presto ☹
- Neanche a me. ☹

- Il sabato non lavoro mai. ☹
- Neanch'io. ☹

Se non siamo d'accordo

- Mi piace alzarmi presto. ☺
- A me no. ☹

- Il sabato lavoro sempre. ☺
- Io no. ☹

- Non mi piace alzarmi presto ☹
- A me sì. ☺

- Il sabato non lavoro mai. ☹
- Io sì. ☺

Per sottolineare un contrasto: invece

- Non mi piace alzarmi presto la mattina.
- A me invece sì.

UNITÀ 6

8 Ascolta queste persone che parlano dei loro gusti e segna se sono d'accordo o no.

	sono d'accordo	non sono d'accordo
a.	☐	☐
b.	☐	☐
c.	☐	☐
d.	☐	☐
e.	☐	☐
f.	☐	☐

9 Dai sogni alla realtà... E a parte i sogni e quello che ti piace fare, come passi davvero le tue giornate? Parlane con un tuo compagno o con il tuo insegnante. Cerca di scoprire cosa fanno durante la settimana, come passano i loro fine settimana, ecc...

- ● Cosa fai il pomeriggio?
- ○ Di solito lavoro.
- ● E la sera?
- ○ Generalmente rimango a casa. Dopo cena guardo la televisione, o leggo un po'... E tu? Di solito a che ora vai a letto?
- ● Quasi sempre abbastanza presto, verso le undici, undici e mezza. La sera mi piace molto rimanere sveglio e leggere o scrivere qualcosa... Purtroppo, però sono sempre così stanco che non resisto e devo andare a dormire.
- ○ E ti alzi molto presto?
- ● Di solito alle sette e mezza. Qualche volta, se vado a letto molto tardi, alle otto. Ma mai più tardi, perché devo essere in ufficio alle nove.
- ○ Io invece mi alzo sempre dopo le nove.
- ● ...

10 Dividetevi in coppie. Ogni coppia sceglie due personaggi, e inventa una loro giornata tipo.

operaio   dirigente
segretaria   medico
ladro   scrittrice
Superman   King Kong
sportivo professionista

pubblicitario   attore
casalinga   studentessa
eremita   filosofo
Dracula   Uomo Ragno
presidente della Repubblica

- ● Come passa la giornata uno sportivo professionista?
- ○ Allora... Si alza verso le otto e mezza, fa colazione, legge il giornale... e poi va ad allenarsi.
- ● Tutta la mattina?
- ○ Mah, non so ... forse 2 o 3 ore. Poi torna a casa, pranza verso l'una, e si riposa fino alle quattro.
- ● E il pomeriggio cosa fa?
- ○ ...

Quando rispondiamo, per prendere le distanze rispetto all'informazione che stiamo per dare, usiamo:

● **Mah,** + *informazione*

Adesso raccontate ai vostri compagni la giornata dei personaggi che avete scelto.

11 Ascolta le interviste e prendi appunti su come passano le vacanze tra italiani.

Ascoltale di nuovo, e cerca di ripetere tutto quello che fanno.

12 Leggi questo testo sulle cose che fanno gli italiani in alcune occasioni dell'anno. Se c'è qualcosa che non capisci chiedilo al tuo insegnante.

"Natale con i tuoi, Pasqua con chi vuoi". Il Natale (25 dicembre) è in Italia una festa che si trascorre in famiglia. La festa può iniziare la sera del 24, con una cena, l'apertura dei regali e la messa di mezzanotte. Anche il 25 si festeggia, di solito con un grande pranzo.

La notte di Capodanno (31 dicembre) invece si esce: ovunque ci sono feste, e a mezzanotte si fa più rumore possibile con razzi e fuochi d'artificio.

Il 6 gennaio è l'Epifania: i bambini aspettano la Befana, una vecchietta che vola su una scopa e nella notte gira per le case portando regali...

A Carnevale molti, sia adulti che bambini, si mascherano: e ancora feste, soprattutto il martedì grasso.

La Pasquetta (il lunedì che segue la domenica di Pasqua) si passa fuori casa: si va in campagna o al mare, e comunque all'aria aperta, perché in genere il tempo è bello, ed è già primavera.

Infine il 15 agosto, Ferragosto: città vuote e spiagge affollate. Chi non è in ferie cerca di prendersi un paio di giorni e corre a cercare il fresco.

13 E tu? Cosa fai in queste occasioni e in questi momenti dell'anno? Parlane con i tuoi compagni.

- Cosa fai di solito a Natale?
- Il 24 passo la serata con i miei, in famiglia. Il 25, dipende. Di solito la mattina dormo, e il pomeriggio vado da qualche amico a giocare a carte. A volte invece andiamo al cinema. E tu?
- ...

- E durante le vacanze estive, cosa fai?
- Di solito vado al mare.

14 Giochiamo? Pensa a una professione e rispondi alle domande dei tuoi compagni, che devono indovinare di che professione si tratta.

- Come vai al lavoro?
- In macchina.
- ▲ Lavori anche la sera?
- Sì, a volte, ma non sempre.
- △ E lavori anche la domenica?
- Sì, ma non molto spesso. Quasi mai.
- ■ Scrivi molto?
- Abbastanza.

- ■ E leggi molto?
- Sì, molto.
- □ Viaggi molto?
- Sì, abbastanza.
- Dormi mai fuori casa?
- Non molto spesso.
- ▲ Come sono i tuoi orari di lavoro?
- Dipende. Generalmente lavoro dalle otto e mezza nove all'una, e dalle tre alle sette. A vol* lavoro fino a tardi, le 10 o le 11 di sera.
- ...

15 **a.** Ascolta i gruppi di tre parole. Sono uguali o diverse?

 b. Ora ascolta le parole e dì quali hanno una doppia consonante.

 Ascolta di nuovo le parole e ripetile.

Ascolta ancora una volta le parole e cerca di scriverle.

Senta, scusi, per andare al Colosseo?

1 Ecco alcune espressioni che usiamo per localizzare qualcosa nello spazio.

○ Dov'è la banca?

● **Vicino** al tabaccaio.

○ Dov'è la farmacia?

● **A destra** del tabaccaio.

○ Dov'è il giornalaio?

● **Davanti** alla chiesa.

○ Dov'è il bar?

● **A sinistra** del ristorante.

○ Dov'è la chiesa?

● **Tra** la farmacia **e** il negozio di alimentari.

○ Dov'è l'ufficio postale?

● **Dietro** al giornalaio.

a + il		al
lo	➡	allo
la		alla
l'		all'

di + il		del
lo	➡	dello
la		della
l'		dell'

 Adesso rispondi tu.

È davanti al giornalaio, tra la farmacia e l'alimentari. Cos'è? *La chiesa*

È davanti alla farmacia, a destra della banca.

È vicino al tabaccaio, a sinistra della chiesa.

È davanti al negozio di abbigliamento, vicino al giornalaio.

È davanti all'ufficio postale, tra la banca e il ristorante.

È a destra del bar, vicino all'ufficio postale.

UNITÀ 7

2 Ascolta i dialoghi e completa con i nomi le insegne vuote.

albergo	museo	libreria	supermercato
profumeria	macelleria	forno	

3 Hai già imparato i nomi di molti negozi. Quali sono quelli che vendono queste cose?

4 Guarda cosa si può dire quando ci informiamo sull'ubicazione di un posto che conosciamo.

● Senti, scusa   (per andare a)   via del Corso   ?
   Senta, scusi   il Colosseo
   Scusate   ...

○ (Sempre) dritto

○ La prima   (via)   a destra
   seconda   (strada)   a sinistra
   ...   (traversa)
                ...

○ A   +   il primo semaforo   a destra
   Dopo   il secondo incrocio   a sinistra
                 ...

                 la piazza
                 il ponte
                 ...

Tutte queste risposte si possono combinare in vari modi

○ Devi   prendere   il 301
   Deve   la metropolitana
   Dovete   ...

○ È   (proprio) qui/lì
         qua/là

● È   vicino   ?
         lontano

○ Saranno   2   metri
               10   chilometri
               ...   minuti   (a piedi)
                              (in macchina)
                              ...

Attenzione!

a piedi	**in** macchina
	in autobus
	in treno
	...

5 Questo prete si è perso. Puoi aiutarlo a trovare la strada giusta per la basilica di San Pietro? Segui le indicazioni.

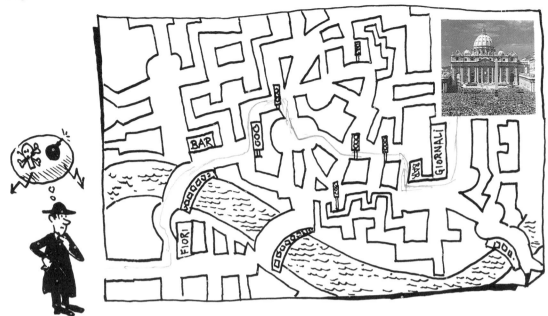

Gira alla prima a sinistra, passando davanti al negozio di fiori, attraversa il ponte, e vai sempre dritto fino al secondo semaforo. Poi prendi la prima a destra, attraversa la piazza, prendi la prima a sinistra e vai ancora dritto fino al secondo semaforo. Poi subito la prima a destra, dopo il bar a sinistra e poi di nuovo a sinistra, passando davanti al giornalaio. Vai sempre dritto e arrivi a San Pietro.

6 Ascolta i dialoghi e segna sulla piantina l'itinerario che devono fare le persone che chiedono le informazioni.

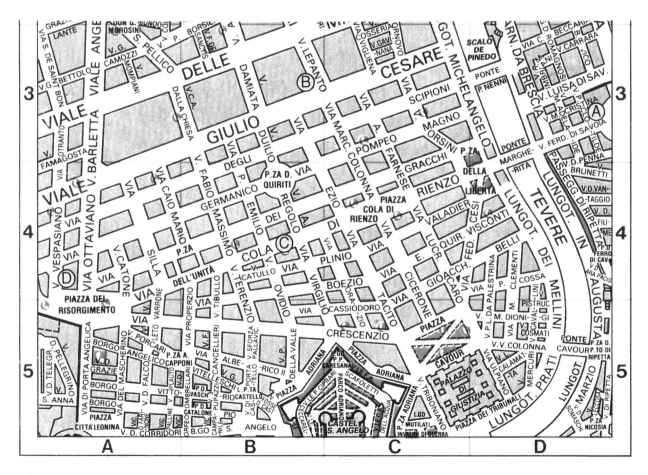

7 Guarda cosa si può dire quando ci informiamo sull'esistenza o l'ubicazione di un posto che non conosciamo.

Se non sappiamo se esiste

- C'è   un giornalaio   **da queste parti**   ?
         una banca
         ...

○ **Sì,** + *ubicazione*

○ **No.**

○ **Non lo so**

Se crediamo che esista, ma non sappiamo dov'è

- **Dov'è**   un tabaccaio   ?
              una farmacia
              ...

○ *ubicazione*

○ **Non lo so.**

Hai notato l'uso degli articoli **il**, **lo**, **la**, **l'** e **un**, **uno**, **una**, **un'** nelle domande sull'ubicazione e sull'esistenza di posti?

Quando parliamo di qualcosa **di cui conosciamo l'esistenza**, usiamo **il, lo, la, l'**.

- Senta, scusi, la Banca Nazionale del Lavoro?
- Scusa, sai dov'è il ristorante "da Angelino"?

Quando parliamo di qualcosa **di cui non conosciamo l'esistenza**, usiamo **un, uno, una, un'**.

- Senti, scusa, c'è una banca da queste parti?
- Scusi, dov'è un ristorante, per favore?

Questa differenza nell'uso degli articoli **il**, **lo**, **la**, **l'** e **un**, **uno**, **una**, **un'** c'è sempre in italiano, anche quando si parla di persone. D'ora in poi, cerca di farci caso.

un	+	*sostantivo maschile che inizia per vocale o consonante*
		un albergo
		un giornalaio

una	+	*sostantivo femminile che inizia per consonante*
		una farmacia

uno	+	*sostantivo maschile che inizia per s + consonante*
		uno spazio

un'	+	*sostantivo femminile che inizia per vocale*
		un'aspirina

8

Ascolta i dialoghi e rispondi.

a. La fontana è a sinistra nella piazza ☐
Via dei Cappuccini è a 5 minuti ☐
La signora deve prendere il 480 o il 419 ☐

b. Via dei Greci è a un quarto d'ora a piedi ☐
Trinità dei Monti è una piazza con una chiesa a destra, in basso ☐
La scalinata va da Trinità dei Monti a Piazza di Spagna ☐

c. Per Piazza S. Silvestro bisogna prendere la metropolitana ☐
A Piazza S. Silvestro c'è il capolinea di molti autobus ☐
Piazza S. Silvestro è a circa 300 metri da Piazza Barberini ☐

Ora ascolta di nuovo i dialoghi e segna sulla piantina l'itinerario che devono fare le persone che chiedono le informazioni.

9

a. Ascolta i gruppi di due parole, e per ognuna dì se si tratta di una parola italiana che riconosci oppure no. Attenzione: in molti casi si tratta di parole che non esistono.

b. Hai notato la differenza che c'è tra il suono /b/ e il suono /p/?

Se ti appoggi una mano sulla gola, puoi notare che quando pronunci /b/ senti una vibrazione, e quando pronunci /p/ non la senti.

Ascolta le parole e ripetile facendo attenzione alla pronuncia di questi due suoni.

Ascolta di nuovo le parole e cerca di scriverle. Attenzione alle doppie!

Ora leggi ad alta voce le parole che hai scritto.

Mi serve un litro di latte.

1 Pesi e misure

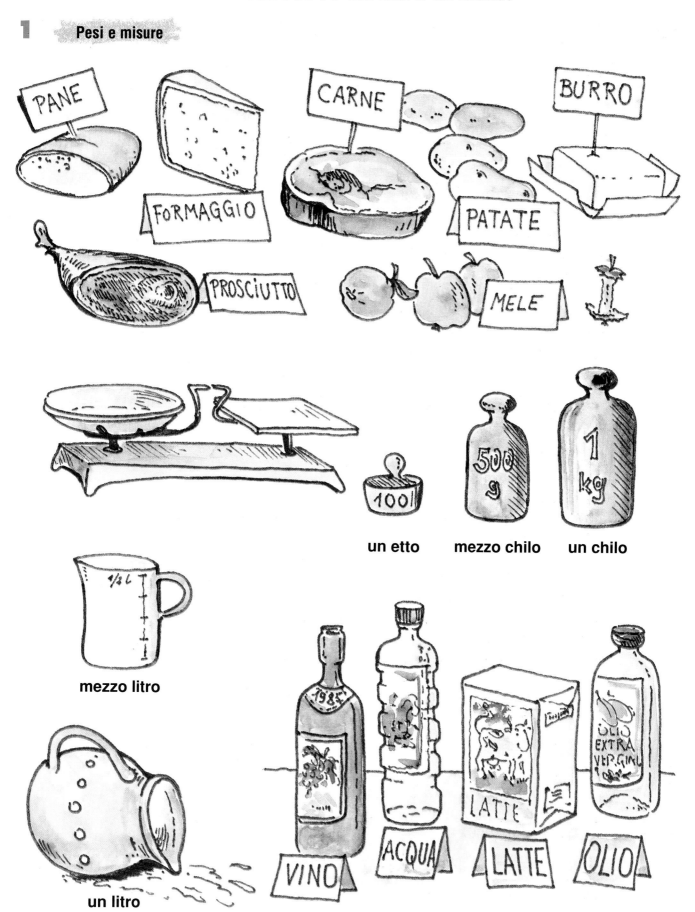

PANE

FORMAGGIO

CARNE

PATATE

BURRO

PROSCIUTTO

MELE

un etto   mezzo chilo   un chilo

mezzo litro

un litro

VINO   ACQUA   LATTE   OLIO

Contenitori

packet

1 una busta di gnocchi surgelati
2 una lattina di Coca Cola   _can / tin_
3 una scatoletta di tonno   _little tin_
4 un pacco/una scatola di pasta   _packet / box_
5 una scatola di pomodori pelati   _tin peeled toms_
6 un pacco di fette biscottate   _packet_
7 un vasetto di pesto   _glass jar_
8 una bottiglia d'olio

2 Cosa ha comprato oggi la signora Gherardini?
Fai la lista con l'aiuto del tuo insegnante.

3 Ed ecco cosa diciamo quando non precisiamo la quantità.

un po' di	+	_sostantivo singolare non numerabile_
del/dello/della		miele zucchero ...

un po' di	+	_sostantivo plurale_
dei/degli/delle		uova biscotti ...

qualche	+	_sostantivo singolare numerabile_
		pera banana ...

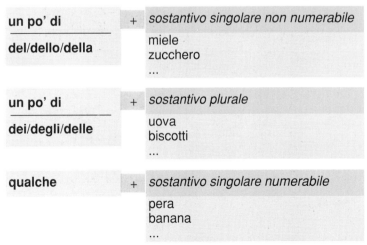

di + il		del
lo		dello
la	⟹	della
i		dei
gli		degli
le		delle

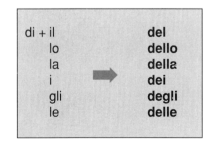

4 Devi preparare un piatto per la cena di domani. Fai la lista delle cose di cui hai bisogno.

Carne
burro

Ora chiedi a un tuo compagno le cose che hai messo nella lista.

 ● Mi serve un litro di latte, delle uova, un po' di zucchero...

5 Guarda come si usano **troppo** e **poco**.

troppo vino

troppe scatole

poca acqua

pochi soldi

Qual è il problema in questi disegni?

6 Ecco i numeri da 100 in su.

100	**cento**	200	**duecento**
101	**centouno**	300	**trecento**
112	**centododici**	400	**quattrocento**
123	**centoventitré**	500	**cinquecento**

1.000	**mille**
1.532	**millecinquecentotrentadue**
2.000	**duemila**
55.555	**cinquantacinquemilacinquecentocinquantacinque**
1.000.000	**un milione**
3.000.000	**tre milioni**
1.000.000.000	**un miliardo**

Attenzione!

Lit. 1.000.000 = un milione **di** lire

Lit. 1.100.000 = un milione e centomila lire

Quando la parola **milione/i** precede un sostantivo senza essere seguita da altri numeri, il sostantivo va introdotto da **di**.

7 Giochiamo? Pensa un numero di telefono, scrivilo, e dettalo a un tuo compagno tutto insieme, come se fosse un solo numero. Controlla se lo ha scritto bene!

8 Quanto costano secondo te queste cose nel tuo paese? Parlane con un tuo compagno. Se avete compagni di altre nazionalità, confrontate le vostre risposte. Se invece siete tutti dello stesso paese, controllate se le vostre risposte corrispondono alla realtà.
Se volete, potete fare una ricerca dal vivo.

In Italia tutti i negozi, i bar e i ristoranti sono obbligati a rilasciare ai clienti uno scontrino o una ricevuta, e se questo non succede i clienti hanno l'obbligo di chiederli.

Questi sono gli scontrini e le ricevute degli acquisti che ha fatto ultimamente il signor Gualtieri. Leggi ad alta voce i prezzi.

```
            FILATELIA DI
            SIRAGUSA PIETRO
            SALITA POGGIO S.
            LORENZO.N*3.ROMA
            P.I.04905...082
                         20 000 D1
            CONT           20 000
              5

PESCI SERGIO               /4
V.DEI VESTINI 16
ROMA P.I.00918030586
9502        A                   MACELLERIA
                                MAZZINI GIANCARLO
              1 600 A           L.GO R.OSCI 21  ROMA
LATTE         1 600 A           PARTITA IVA 05660180588
LATTE         3 200             38          27-03-1991
CONTANTE
                                                 6.100
0065        27-09-91           PART01      6.100
/4=BA       6509502            OT
                               EL. 4462932  42035664
```

```
***CARTOLERIA***  FARMACIA            VONGOLE        15.555
***GIOCATTOLI***  IANCARLO BRIENZA    3.430
DESIDERI RITA     A RISORGIMENTO N.44  0002 CARNE     3.600
V.TIBURTINA 117   -T.3724622--3722157  GAMBERETTI     5.230
P.I 03876170584   A IVA. 07430720586   0001 SCATOLAM  1.690
                  25-09-1991           SKINS ST.      2.010
                                       SCAMPI PEDOL   8.680
                  LIBRERIA             ST.VICTOR       .940
                  BONACCI S.R.L.       ST.VICTOR       .940
     3 000 D1 1   VIA P.MERCURI 23     FRASCATI GS    4.390
        3 000     TEL.6865995 ROMA     ST.VICTOR       .940
     13.700       P.I.0156061004       ST.VICTOR       .940
     13.700       DIPD01    49 000     COZZE MARE     1.820
CONT            =PA 42003934           T.VICTOR        .940
  18    24-06-91  TOTALE    49 000     T.VICTOR        .940
/4=BA   6793265   CONTANTE             UGNA           2.280
                  05-12-91    17:40    .IO             .845
                     41                OV.DEC.GS      1.140
                  /4=BB   6615235      PEPERONI       1.705
                                       PISELLI PRIM   2.190
                                       0001 SCATOLAM  1.690
                                       RISO           3.640
                                       ALI POLLO      2.185
                                       BRACIOLE       4.475
                                       BELGIOIOSO     2.860
                                       0003 ORTOFRUT  1.375
                                       7X .000
                                       BOLLINI         .000

                                       CON.TI  76.570

                                       F0254
```

Ora fai il conto di quanto ha speso oggi il signor Gualtieri, e confrontalo con i tuoi compagni e con il tuo insegnante.

10 Quanti abitanti hanno questi paesi e città? Parlane con i tuoi compagni.
Vediamo chi è più forte in geografia.

Italia	Germania	Gran Bretagna	Russia
Cina	Stati Uniti	Spagna	il tuo paese
Roma	Tokio	Parigi	Londra
New York	Mosca	Madrid	la tua città

Per dare un numero approssimativo

circa più o meno	+	*numero*

○ Quanti abitanti ha l'Italia?
● Circa 60 milioni
○ E la Russia?
● Mah... Non lo so.
○ ...

Soluzioni

	la tua città	3.000.000	Madrid
11.000.000	Mosca	17.000.000	New York
6.700.000	Londra	2.176.000	Parigi
8.354.600	Tokio	2.880.500	Roma
	il tuo paese	39.100.000	Spagna
243.773.000	Stati Uniti	1.067.460.000	Cina
148.000.000	Russia	55.700.000	Gran Bretagna
77.765.000	Germania	56.479.933	Italia

11

a. Ascolta i gruppi di due parole, e per ognuna dì se si tratta di una parola italiana che riconosci oppure no. Attenzione: in molti casi si tratta di parole che non esistono.

b. Ricordi la differenza che abbiamo visto tra il suono /b/ e il suono /p/?

Tra i suoni /v/ e /f/ esiste lo stesso rapporto. Se ti appoggi una mano sulla gola, puoi notare che quando pronunci /v/ senti una vibrazione, e quando pronunci /f/ non la senti.

Ascolta le parole e ripetile facendo attenzione alla pronuncia di questi due suoni.

Ascolta di nuovo le parole e scrivile. Attenzione alle doppie!

Ora leggi ad alta voce le parole che hai scritto.

Tu quale preferisci?

1 Guarda questi disegni e dì quali oggetti preferisci.

○ Guarda queste borse. Quale preferisci?
● Questa.
○ Io questa.

preferire
prefer**isc**o
prefer**isc**i
prefer**isc**e
preferiamo
preferite
prefer**isc**ono

come preferire, **finire**

Per riferirci a oggetti vicini a noi

singolare	*maschile*	**questo**
	femminile	**questa**
plurale	*maschile*	**questi**
	femminile	**queste**

Di solito, se non è chiaro a quale oggetto ci stiamo riferendo, **questo/a/i/e** è accompagnato da un gesto o uno sguardo per indicare l'oggetto.

2

Ora guarda gli oggetti che ti fa vedere il tuo insegnante. Quali preferisci?

o Tu quale preferisci?
● Io quella.

Per riferirci a oggetti lontani da noi

singolare	maschile	**quello**
	femminile	**quella**
plurale	maschile	**quelli**
	femminile	**quelle**

QUESTO

QUELLO

3 Guarda come si chiamano i colori.

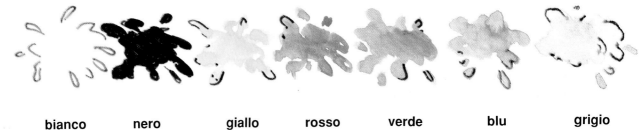

bianco **nero** **giallo** **rosso** **verde** **blu** **grigio**

I colori, come tutti gli aggettivi in italiano, cambiano secondo i sostantivi con i quali vengono usati. Guarda le lettere finali.

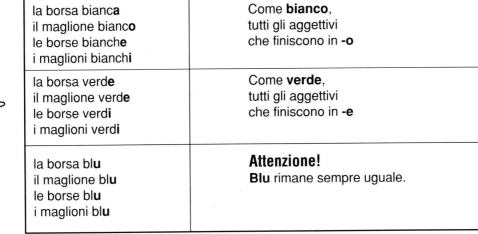

la borsa bianc**a** il maglione bianc**o** le borse bianch**e** i maglioni bianch**i**	Come **bianco**, tutti gli aggettivi che finiscono in **-o**
la borsa verd**e** il maglione verd**e** le borse verd**i** i maglioni verd**i**	Come **verde**, tutti gli aggettivi che finiscono in **-e**
la borsa bl**u** il maglione bl**u** le borse bl**u** i maglioni bl**u**	**Attenzione!** **Blu** rimane sempre uguale.

4 **Per identificare un oggetto tra altri**

se lo indichiamo

questo **quello**	al centro in alto rosso ...

at the top

se non lo indichiamo

quello	a destra in basso bianco ...

on the right
at the bottom

 Guarda questa vetrina e spiega ai tuoi compagni cosa preferisci senza indicarlo.

○ Quale borsa preferisci?
● Quella nera, al centro.

Mi preferisco quella rose

più basso lower (more low)
più alto higher

5 Angela sta guardando un negozio di borse insieme a una sua amica.
Quali sono quelle che preferisce?

6 Tutto quello che hai appena visto ti può servire quando fai acquisti. Guarda come si fa.
Copri il testo, ascolta i dialoghi e completa.

a.
- Volevo vedere quella camicia...
  Quella al centro vicino alla gonna.
- Quella in vetrina?
- Sì, quanto viene?
- Quella... viene... centotrentamila.
- La posso provare?
- Certo.

b.
- Avete buste da lettera?
- Sì. Bianca va bene?
- Sì, sì, grazie. Me ne dia una...
  Quant'è?
- Duecento lire.

c.
- Signora?
- Volevo del parmigiano.
- Sì, quanto?
- Mah, tre etti e mezzo... grattugiato.
- Poi?
- Una bottiglia d'olio d'oliva e
  due scatole di pelati da un chilo.
- Ecco. Altro?
- Mmm... No, gra... Ah! Sì invece, avevo...
  Mezzo chilo di pane.
- Mi dispiace, il pane è appena finito.
- Accidenti... Beh, basta così, allora.
  Quant'è?
- Sono... quindici e due, signora.
- Ecco... Grazie.
- Grazie a lei, signora. Arrivederla.

a.

Cosa vuole comprare?

    una gonna ☐
    una camicia ☐
    una cintura ☐

c.

La signora compra:

    un pacco di spaghetti ☐
    200 g. di parmigiano ☐
    300 g. di parmigiano ☐
    600 g. di parmigiano ☐
    un barattolo di marmellata ☐
    una mozzarella ☐
    100 g. di prosciutto ☐
    una bottiglia d'olio d'oliva ☐

    una scatola di pelati da 1/2 kg. ☐
    due scatole di pelati da 1/2 kg. ☐
    due scatole di pelati da 1 kg. ☐
    1 l. di latte ☐
    1/2 kg. di pane ☐
    1 kg. di pane ☐
    non compra pane ☐

La spesa costa:

    15.200 lire ☐
    5.200 lire ☐
    25.200 lire ☐

Per chiedere qualcosa in un negozio

● **Volevo**   +   provarmi quella gonna
  Vorrei   vedere quella camicia
                   una bottiglia di vino
                   un quaderno
                   ...

Se non siamo sicuri che sia il negozio giusto

● **Avete**   +   *oggetto*   +   *(caratteristica)*   ?
                  buste   da lettera
                  pantaloni   di velluto
                  camicie   di seta
                  francobolli   da 700 lire
                  ...   ...

Per sapere il prezzo

● **Quanto**   **viene/vengono**   ?   ○ **(Sono)** +   *prezzo*
               costa/costano   1.500 lire
                                                             ...

QUANTO VIENE?

QUANT'È?

7 Questi sono i vestiti di Enrica e Marco. Guardali attentamente e poi fai una lista dei vestiti che usi di più in questo periodo.

8 Guarda questa vetrina. Immagina di entrare nel negozio per comprare qualcosa. Come lo chiedi?

Quel, quello, quella, quei, quegli o quelle?

	singolare			*plurale*	
il quel	maglione vestito		i quei	maglioni vestiti	
lo quello	spazzolino stivale		gli quegli	spazzolini stivali	
la quella	borsa calza		le quelle	borse calze	
l' quell'	ombrello albero		gli quegli	ombrelli alberi	
l' quell'	automobile ora		le quelle	automobili ore	

9 Guarda le fotografie e prova ad abbinarle alle parole della lista.

_____ rivista_____ profumo_____ pettine_____ macchina fotografica

_____ shampoo_____ detersivo_____ lampadina_____ palle da tennis

 Ora vuoi comprare queste cose, ma nel negozio non le vedi. Come le chiedi?

10 Ma in alcune situazioni gli acquisti si fanno in modo diverso. Ecco cosa succede al bar.
Ascolta il dialogo e rispondi alle domande.

a. Cosa prendono?

b. Cosa vuole fare il cliente?

Per ordinare

● **Un caffè**   per favore
   Un cappuccino
   ...

Per chiedere il conto

● **Quant'è?**

○ **Sono** + *prezzo*
2.600 (lire)
...

A volte, quando ordiniamo, per sottolineare la differenza rispetto alle persone con cui ci troviamo, usiamo **per me**.

PREGO?

PER ME UN SUCCO DI FRUTTA E UN TRAMEZZINO.

PER ME UN CAPPUCCINO E UN CORNETTO.

11 Leggi questo testo e chiedi al tuo insegnante le parole che non conosci.

Gli italiani e il bar

L'italiano, al bar, sta in piedi. Normalmente, infatti, resta nel locale per pochi minuti: il tempo di prendere un caffè o un cappuccino, di mangiare in fretta qualcosa, come un cornetto o un tramezzino, ed è già di nuovo fuori. Alcuni bar, tuttavia, soprattutto d'estate, mettono all'esterno sedie e tavolini, e allora la gente si siede e ci passa un po' di tempo, prendendo una birra, un gelato, un caffè o un tè freddo. In qualsiasi bar si possono bere alcolici.

L'italiano, al bar, non può né pranzare né cenare come farebbe a casa: un bar non è un ristorante, e ci si possono mangiare solo dolci, come paste e gelati, oppure panini vari e pizzette.

L'arredamento dei bar italiani, al contrario di quanto avviene in altri paesi europei, normalmente non ha niente di caratteristico o di tradizionale. Sono locali semplici, spesso anonimi.

I bar di provincia, però, spesso sono un vero e proprio ritrovo abituale, dove la gente, giovani e meno giovani, e a volte solo gli uomini, si incontra tutti i giorni, e non soltanto per bere qualcosa. In molti di questi bar, infatti, e possibile giocare a carte o a biliardo.

12   Queste sono le cose che normalmente puoi trovare in un bar.
Ordina quello che vuoi. Il tuo insegnante fa il cameriere.
Se ci sono parole che non conosci, chiedigliene il significato.

Ora sei di nuovo al bar ma con due tuoi compagni.
Ordinate quello che volete. Poi pagate.

13 A volte, però, non sappiamo come si chiama quello che vogliamo comprare. Ecco come puoi fare...

● **Una cosa per** + *infinito*

● Cos'è questo?
○ È una cosa per ascoltare la musica.

Ora guarda questi verbi.
Se non sai cosa significano chiedilo al tuo insegnante.

lavare	tagliare	pulire	aprire	ascoltare

Ora chiedi al tuo compagno cosa sono questi oggetti.

14

a. Ascolta i gruppi di due parole, e per ognuna dì se si tratta di una parola italiana che riconosci oppure no. Attenzione! In molti casi si tratta di parole che non esistono.

b. Ricordi la differenza che abbiamo visto tra i suoni /b/ e /p/, e i suoni /v/ e /f/?

Anche tra il suono /d/ e il suono /t/ esiste lo stesso rapporto. Se ti appoggi una mano sulla gola, puoi notare che quando pronunci /d/ senti una vibrazione, e quando pronunci /t/ non la senti.

Ascolta le parole e ripetile facendo attenzione alla pronuncia di questi due suoni.

Ascolta di nuovo le parole e scrivile. Attenzione alle doppie!

Ora leggi ad alta voce le parole che hai scritto.

Vi va di andare a casa di Betta?

1 Ascolta i dialoghi senza leggere il testo.
Accettano o rifiutano la proposta?

a.
- ● Senti perché non ci vediamo qui da me, così ne parliamo...
- ○ Ma non so, sai veramente oggi ho un sacco da fare...
- ● Va be', allora facciamo un'altra volta...

b.
- ● Lucia, ti va di andare a trovare Olga al mare?
- ○ Oh no, mi dispiace, oggi proprio non posso, ho già un impegno...
- ● D'accordo...

c.
- ● Hai visto l'ultimo film di Massimo Troisi?
- ○ No, non ancora...
- ● Perché non andiamo a vederlo insieme?
- ○ OK, va bene.

d.
- ● Andiamo a cena dai miei domani sera? Non li vediamo mai...
- ○ Possibile che non ti ricordi? Domani sera non possiamo, dobbiamo vedere Oreste...
- ● Ah, già, è vero. E allora perché non andiamo stasera?
- ○ E va bene, andiamo stasera...

	accettano	rifiutano
a	☐	☐
b	☐	☐
c	☐	☐
d	☐	☐

Ascolta di nuovo i dialoghi e scrivi le forme che si usano per:

proporre qualcosa

accettare o rifiutare

2 Guarda questo.

Per proporre di fare qualcosa

• Ti	va di +	*infinito*	?	• **(Perché non)** +	*1ª persona plurale del presente*	?
Le		uscire			usciamo	
Vi		andare al cinema			andiamo al cinema	
		a casa di X			a casa di X	
		... ...			... ...	

Per accettare

○ Sì	Queste espressioni
OK	si possono combinare
Va bene	in vari modi
D'accordo	
...	

Per rifiutare

○ **No, mi dispiace,** +	**non posso** +	*spiegazione/giustificazione*
Veramente	**non mi va (molto)**	Ho un impegno
		Devo studiare
		Ho un po' di mal di testa
		...

Veramente si usa nelle risposte per introdurre qualcosa che può dispiacere all'interlocutore, chiedendogliene scusa.

 Ora ascolta di nuovo i dialoghi leggendo il testo. Se c'è qualcosa che non capisci, chiedilo al tuo insegnante.

3 Stasera tu e un tuo compagno non avete niente da fare. Perché non gli proponi di fare qualcosa?

andare a mangiare una pizza
fare una passeggiata
andare a vedere l'ultimo film di Woody Allen
andare a prendere un gelato
andare alla festa di Valentino
andare all'Opera
cenare a casa mia
andare a bere una birra

- • Ti va di andare a teatro stasera?
- ○ Sì, d'accordo.

- • Stasera andiamo al concerto di Madonna?
- ○ Veramente non mi va molto.

4 Ti ricordi di **mi piace**? **Mi va** funziona allo stesso modo.
Ecco i pronomi che usiamo con questi verbi.

I pronomi complemento indiretto

io	mi	a me	
tu	ti	a te	per sottolineare
lei	le	a lei	un contrasto
lui	gli	a lui	o per fare
noi	ci	a noi	distinzione
voi	vi	a voi	rispetto ad altri
loro	gli	a loro	

- ● Vi va di andare a casa di Betta?
- ○ Sì.
- ▲ A me non molto. Sono un po' stanco...

Hai notato che per le persone **io, tu, noi** e **voi** i pronomi riflessivi e i pronomi complemento indiretto sono gli stessi, cioè **mi, ti, ci** e **vi**? Tutte le volte che ti serve un pronome complemento per queste persone puoi usare **mi, ti, ci** e **vi.**

Ed ecco quattro verbi importantissimi.

dovere	potere	volere	venire
devo	posso	voglio	vengo
devi	puoi	vuoi	vieni
deve	può	vuole	viene
dobbiamo	possiamo	vogliamo	veniamo
dovete	potete	volete	venite
devono	possono	vogliono	vengono

5 Ascolta i dialoghi. Accettano o rifiutano la proposta? Perché?

perché?

a.	accetta	☐	
	non accetta	☐	
b.	accetta	☐	
	non accetta	☐	
c.	accetta	☐	
	non accetta	☐	
d.	accetta	☐	
	non accetta	☐	

...loghi e segna sull'agenda gli appuntamenti di Carlo Delfino.

31 Lunedì/Monday/Lundì/Montag	**1** Martedì/Tuesday/Mardì/Dienstag	**2** Mercoledì/Wednesday/Mercredì/Mittwoch	**3** Giovedì/Thursday/Jeudì/Donnerstag	**4** Venerdì/Friday/Vendredì/Freitag	**5** Sabato/Saturday/Samedì/Samstag
11 *Dott. Parisi*	20 *Cena da Enzo*	10 *Graph'87 · V. Tizaboschi 20* 15 *Dentista*	*Milano*	9 *Dott.ssa Tartaglione*	**6** Domenica/Sunday/Dimanche/Sonntag

Dicembre/Gennaio   December/January
Décembre/Janvier   Dezember/Januar

1 Settimana/Week Semaine/Woche

Dopo esserci accordati per fare qualcosa, per prendere un appuntamento possiamo dire

- **Come rimaniamo?**

- **Dove** + **ci vediamo** ?
  Quando
  A che ora

Per proporre un appuntamento

○ **Va bene** + *data / orario / luogo* ?
  Facciamo

Per fare una proposta alternativa

● **No, sarebbe meglio** + *data / orario / luogo*

○ Allora siamo d'accordo:
  domenica andiamo al Gran Sasso.
● OK. Come rimaniamo?
△ Va bene alle sette sotto casa mia?
○ No, dai, è troppo presto!
  Facciamo alle otto?

Riferimenti temporali

DATE

il	+	**4**
l'		**11 aprile**
		22 giugno 1992

giorno	+	**Ø**
lunedì		**18**
martedì		**28 febbraio**
....		**5 marzo 1993**

prima di	cena
dopo	pranzo
	la lezione
	....

tra	10 minuti
fra	un'ora
	poco
	qualche giorno
	....

Per riferirci a un momento futuro,
invece di usare esplicitamente un
orario o una data, possiamo usare
tra e **fra**.

○ Perché non usciamo un po'?
● OK.
○ Allora ti passo a prendere
  tra 20 minuti.
● No, meglio **tra** mezz'ora.

7 Leggi questo testo.

*C*ome passano le loro serate gli italiani? Per rilassarsi e distrarsi, moltissime persone scelgono di guardare la televisione. In particolare, a partire dagli anni settanta, grazie al fenomeno delle TV private, la televisione ha assunto un'importanza sempre maggiore nella vita degli italiani. Comunque, fortunatamente, c'è anche chi preferisce ascoltare la radio o della musica, chi si dedica al suo passatempo preferito o ai piccoli lavori che non ha il tempo di svolgere durante il giorno. Chi abita in città può andare al cinema, a teatro, a un concerto o in qualche locale ad ascoltare la musica o a bere qualcosa. Ovviamente sono i giovani quelli che escono più spesso, soprattutto nelle serate di venerdì e sabato. Si va a cena fuori e poi al cinema o in discoteca, oppure a casa di amici per mangiare insieme, chiacchierare, giocare. D'estate poi si esce sempre la sera: anche soltanto per fare una passeggiata, prendere un gelato o bere qualcosa di fresco.

8 Dividetevi in gruppi di 3 o 4 persone e mettetevi d'accordo per fare qualcosa insieme. Per prendere appuntamento, considerate i vostri impegni e la città in cui vi trovate.

Settecento lombardo
Comune di Milano
Milano, Palazzo Reale
Sala Cariatidi
e Museo del Duomo
fino al 5 maggio
Electa
GIÀ 30.000 VISITATORI
CARIPLO
la mostra non sarà prorogata ulteriormente

TEATRO DELL'
OPERA DI ROMA
CONCERTO VOCALE E STRUMENTALE
23 GIUGNO 1991 • ORE 21
MIRELLA FRENI
soprano
NICOLAI GHIAUROV
basso
musiche di
ROSSINI • ČAJKOVSKIJ • VERDI • CILEA
MASCAGNI • PUCCINI
direttore
NELLO SANTI

AL CINEMA **CORALLO**
Nanni Moretti presenta
IL PORTABORSE
Daniele Luchetti
Silvio Orlando Nanni Moretti
TEATRO SAN BABILA
Corso Venezia 2/A
Tel. 76.00.29.85
OGGI ORE 15.30 - 19.30
LUIGI DE FILIPPO in
UN MAGICO DECOTTO DI MANDRAGOLA...
di L. De Filippo
da **Machiavelli**
ULTIMO GIORNO

Caffè degli Specchi
RISTORANTE E TAVERNA - ENOTECA
*Vini e cibi sfiziosi a colazione
Aperto la sera fino a tardi*
VIA DEGLI SPECCHI, 5 - TEL. 06/6861566-6832121

GIOVEDÌ | **14**
DALLA AL PALAEUR
Stasera al Palaeur c'è il concerto di **Lucio Dalla**, che fa tappa a Roma nel corso della sua tournée cominciata ad Arezzo. Trionfatore delle hit parade degli ultimi tempi, il cantautore bolognese mantiene intatta la sua capacità comunicativa. (A pag. 24)

9 Segna sull'agenda questi impegni, scegliendo tra gli orari liberi.

> dentista (2 ore)
> avvocato (1 ora e mezza)
> Giuliana (una mattina)
> cena con gli ex compagni di scuola
> barbiere/parrucchiere

29 Lunedì / Monday Lundi / Montag	30 Martedì / Tuesday Mardi / Dienstag	31 Mercoledì / Wednesday Mercredi / Mittwoch	1 Giovedì / Thursday Jeudi / Donnerstag	2 Venerdì / Friday Vendredi / Freitag	3 Sabato / Saturday Samedi / Samstag
	Analisi				
	Pagare il telefono	Matrimonio Dario e Roberta			
.30 Ing. Lupo					
	.30 Pranzo con mamma		Telefonare al Dott. Maggiore		
Scuola di Giacomo			Comprare biglietti	Ritirare la macchina	Todi
Palestra			Tennis		
	Inaugurazione mostra	Cena da Luigi		Concerto	

4 Domenica / Sunday
Dimanche / Sonntag

Todi

Agosto / August
Aoûb/ August

Settembre / September
Septembre / September

35. Settimana / Week /Semaine / Woche 242-124   243-123   244-122   245-121   246-120 247-119   248-118

Ora prendi un appuntamento con quattro compagni. Due di questi appuntamenti sono di lavoro, con una persona molto importante: ricordati di dare del lei!

10 **a.** Ascolta i gruppi di due parole, e per ognuna dì se si tratta di una parola italiana che riconosci oppure no. Attenzione! In molti casi si tratta di parole che non esistono.

b. Ricordi la differenza che abbiamo visto tra i suoni /b/ e /p/, /v/ e /f/, e /d/ e /t/?

Anche tra il suono /g/ e il suono /k/ esiste lo stesso rapporto. Se ti appoggi una mano sulla gola, puoi notare che quando pronunci /g/ senti una vibrazione, e quando pronunci /k/ non la senti.

Ascolta le parole e ripetile facendo attenzione alla pronuncia di questi due suoni.

Ascolta di nuovo le parole e scrivile. Attenzione alle doppie!

Ora leggi ad alta voce le parole che hai scritto.

Buongiorno, sono Marcella. C'è Franco?

1 Copri il testo e ascolta i dialoghi una o due volte.

a.
● Pronto?
○ Buonasera, c'è Michela?
● Chi la desidera?
○ Sono Augusto.
● Un attimo che gliela passo.

b.
● Sì?
○ Buongiorno, sono Flavia Pizzaroni. Posso parlare con il signor Rondini?
● No, mi dispiace, è uscito.

c.
● È occupato. Riprovo più tardi.

d.
● Pronto?
○ Pronto, c'è Lucia? Sono Andrea.
● Ciao Andrea, sono io...

e.
● Pronto?
○ Buongiorno, sono Marcella, posso parlare con Franco?
● No, Franco è fuori. Torna all'ora di pranzo.
○ Allora richiamo dopo. Grazie. Arrivederci.
● Arrivederci.

f.
● Palestra Poggio delle Rose, buonasera.
○ Buonasera, volevo delle informazioni su orari e prezzi.
● Sì, dunque, per adulti o per bambini?

Ora ascoltali di nuovo, e scrivi le forme che si usano per:

rispondere al telefono

> Pronto

chiedere di una persona

> Che Michele
> Posso parlare con Marco
> ‒ look for per is that

rispondere che la persona cercata c'è

>

identificarsi

> Sono Ruth

Ascolta ancora una volta i dialoghi leggendo il testo.
Se c'è qualcosa che non capisci, chiedilo al tuo insegnante.

2 Ora dividetevi in coppie. Uno telefona guardando la colonna di sinistra, e l'altro risponde guardando la colonna di destra.

Vuoi parlare con Marco.	Sei Marco.
Vuoi parlare con Laura.	Sei la madre di Laura. Laura è di là.
Vuoi parlare con la signora Marzotto.	Sei il signor Marzotto. La signora non c'è.
Vuoi parlare con Luisa.	Sei Luisa.
Vuoi parlare con Francesco.	Sei il fratello di Francesco. Francesco non c'è.

richiamo più tardi

3

Copri il testo e ascolta i dialoghi.

a.

- Pronto?
- Ettore? *Hector*
- Come, scusi?
- Non è il 38.92.45?
- No, ha sbagliato numero.
- Ah, mi scusi.

b. *Insurance*

- Assicurazioni Nazionali, buongiorno.
- Buongiorno, volevo parlare col dottor Giannini.
- Pronto?
- Pronto? Mi sente? *Can you hear me*
- Sì, pronto, mi dica. *Speak to me*
- Volevo parlare con il dottor Giannini.
- Con chi? Può ripetere il nome?
- Col dottor Giannini. Gia-nni-ni!
- Si sente molto male! *I can't hear*
- Aspetti che la richiamo.
  Wait I'll ring you back

c.

- Pronto?
- Ciao, Betta, sono Angela...
- Pronto?
- Betta? Betta? Sono io. Pronto! Angela, mi senti?
- Pronto? Pronto?
- Betta, c'è un'interferenza, attacca che ti richiamo.
  hang up and I'll call you
  (put it back)

d.

- Non risponde nessuno.

No one replies / No one at home

Ora ascoltali di nuovo, e scrivi le forme che si usano per:

controllare il numero chiamato

Non è il ......numero......

controllare la comunicazione quando la linea è disturbata

Pronto mi sente

segnalare all'interlocutore che c'è un errore

c'è un'interferenza   la linea e disturbata

Ascolta ancora una volta i dialoghi leggendo il testo.
Se c'è qualcosa che non capisci, chiedilo al tuo insegnante.

4 Ora dividetevi in coppie. Uno telefona guardando la colonna di sinistra, e l'altro risponde guardando la colonna di destra. Poi ripetete l'esercizio scambiandovi i ruoli.

Vuoi parlare con il signor Raffai. Tel. 679.55.41	Sei il signor Mercadante. Tel. 678.55.41
Vuoi parlare con Agnese	Agnese è di là.
Vuoi parlare con Alberto	Sei Alberto ma la linea è disturbata.
Vuoi parlare con Marcello Raimondi	Sei Marcello, ma ti chiami Ferretti.
Vuoi parlare con l'ingegner Moretti	Sei la segretaria dell'ingegnere. L'ingegnere rientra alle 16.00.

5 Copri il testo e ascolta i dialoghi.

a.
o Pronto?
● Buonasera, sono Rossini dell'Istituto Enciclopedico Universale. Cercavo la signora Maltese, per favore.
o Attenda, prego. Pronto?
● Sì?
o In questo momento la signora Maltese è occupata. Le vuole lasciare un messaggio?
● Sì, grazie. Se mi richiama al 356.33.82. Volevo parlarle a proposito...

b.
● Risponde la segreteria telefonica del 496.31.82. Avete 30 secondi di tempo per lasciare un messaggio, dopo il segnale acustico, con il vostro nome e numero di telefono. Sarete richiamati appena possibile. Grazie.
o E... Stefano, ciao, sono Rino e... sono le 9 e mezzo e sono a casa...e... Chiamami appena puoi. Ciao.

c.
● Pronto?
o Buongiorno posso parlare con Elio? Sono Emilia.
● Buongiorno Emilia, Elio è uscito, ma torna subito. Gli vuole lasciare un messaggio?
o No, no, non importa. Richiamo io. Grazie.

d.
● Sì?
o Buonasera, sono Giacomo. Posso parlare con Giulia?
● Ciao Giacomo, sono Filippo. Aspetta un attimo...
    ...
● Giacomo?
o Sì?
● Senti, Giulia sta facendo la doccia. Ti richiama lei. Stai a casa?
o Sì, grazie.

Ora ascoltali di nuovo, e scrivi le forme che si usano per:

chiedere se l'interlocutore vuole lasciare un messaggio

dire che la persona c'è ma non può rispondere al telefono

Ascolta ancora una volta i dialoghi leggendo il testo.
Se c'è qualcosa che non capisci, chiedilo al tuo insegnante.

6 Ti ricordi dei pronomi che si usano in espressioni come **mi va** e **mi piace**? Questi pronomi si possono usare anche con altri verbi.

Ti lascio un messaggio.
Gli do un appuntamento.

Guarda ora come funzionano questi pronomi e quelli riflessivi con i verbi **potere**, **volere** e **dovere**.

Vuole lasciar**gli** un messaggio?
Gli vuole lasciare un messaggio?

Vuole lasciar**le** un messaggio?
Le vuole lasciare un messaggio?

Nota che con i verbi **potere, volere** e **dovere** i pronomi complemento possono andare subito prima del verbo, o uniti all'infinito che segue.

Per descrivere la situazione in cui si trova il soggetto del verbo

presente di **stare** + *gerundio*

Sta guardando la televisione
Sta facendo la doccia

stare	gerundio		
sto	-are	➡	-ando
stai	guard**are**		guard**ando**
sta			
stiamo	-ere	➡	-endo
state	legg**ere**		legg**endo**
stanno	-ire		
	dorm**ire**		dorm**endo**

Attenzione!

fare	➡	facendo

7 Cosa sta facendo Nico? Parlane con un tuo compagno.

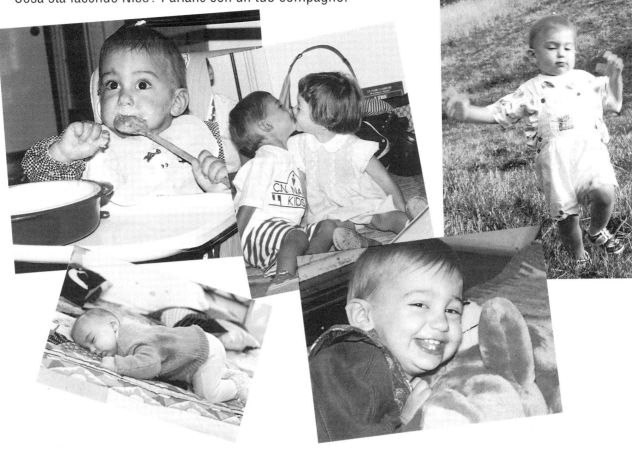

8 Ora dividetevi in coppie. Uno telefona guardando la colonna di sinistra, e l'altro risponde guardando la colonna di destra.
Poi ripetete l'esercizio scambiandovi i ruoli.

Vuoi parlare con il dottor Grasselli	Sei la segretaria del dottore. Il dottore sta parlando al telefono sull'altra linea.
Vuoi parlare con Maria	Sei il padre di Maria. Maria rientra stasera.
Vuoi parlare con la signora Santoro	La signora è uscita.
Vuoi parlare con Valerio	Sei la sorella di Valerio. Valerio è in cucina e lava i piatti.
Vuoi parlare con Ernesto.	Sei Ernesto. La linea è disturbata.

9 E ora facciamo il punto su quello che abbiamo visto finora.

Per rispondere al telefono

- Pronto
  Sì ?

Per chiedere di parlare con qualcuno

- Posso parlare con X, per favore?

Per identificare l'altro

- Con chi parlo?

Quando ci chiedono di parlare con altri

- Chi lo/la desidera?

Pronomi complemento diretto

lui	**lo**
lei	**la**

Per identificarsi

- Sono + nome (+ cognome)
  cognome

Per chiedere all'altro di aspettare

- Un momento
  Un attimo
  ...

Se la persona richiesta c'è

- Te lo/la passo subito
  Glielo/la

Pronomi complemento indiretto + lo/la

mi	+	lo/la	=	**me** lo/la
ti				**te** lo/la
gli/le				**glie**lo/la
ci				**ce** lo/la
vi				**ve** lo/la
gli				**glie**lo/la

Se la persona richiesta non c'è o non può rispondere

- In questo momento non c'è (+ spiegazione)
  può rispondere
  ...

Per offrire all'altro di lasciare un messaggio

- Gli vuoi lasciare un messaggio?
  Le vuole

  ○ Sì, grazie + *messaggio*.

  ○ No, grazie, non fa niente. (+ Richiamo io.)

Per chiedere di lasciare un messaggio

- Gli posso lasciare un messaggio?
  Le

  ○ Sì, certo, dimmi
             mi dica

Per lasciare un messaggio

○ Gli puoi dire   che + *verbo coniugato*
  Le può   ho chiamato
                           ...

                           di + *infinito*
                           telefonarmi
                           ...

Per controllare il numero di telefono fatto da noi

- Non è il + numero ?

Per controllare il numero di telefono fatto dall'altro

- Che numero ha fatto?

Per dire all'altro che ha sbagliato

- Ha sbagliato numero.

Quando non si sente bene

- Mi senti ?
  sente

- Non sento. Puoi parlare più forte?
  Può

Per riattaccare e richiamare:

- Un momento, richiamo.

- Aspetta, che richiamo.
  Aspetti

10 Siamo negli uffici dell'ARSA, un'impresa di costruzioni di Roma. La segretaria risponde al telefono e prende i messaggi.
Ascolta alcune delle telefonate e completa i foglietti messaggio.

7660 Memo-tak©
Pro-memoria

A _DOTT.SSA DE MINCIS_
_____ Data _____
Sig. _ANDREA RISPOLI_
Ditta _____

☐ è passato   ☒ ha telefonato
☐ ripasserà   ☒ richiamera _MARTEDÌ_
☐ chiede di essere richiamato
☎ _____
☐ ha lasciato la seguente comunicazione
_____

7660 Memo-tak©
Pro-memoria

A _____
_____ Data _____
Sig. _____
Ditta _____

☐ è passato   ☐ ha telefonato
☐ ripasserà   ☐ richiamera
☐ chiede di essere richiamato
☎ _____
☐ ha lasciato la seguente comunicazione
_____

---

gistrati 3M

7660 Memo-tak©
Pro-memoria

A _____ Data _____

Sig. _____
Ditta _____

☐ è passato   ☐ ha telefonato
☐ ripasserà   ☐ richiamera
☐ chiede di essere richiamato
☎ _____
☐ ha lasciato la seguente comunicazione
_____

"Scotch" e "Memo-tak" sono marchi registrati 3M
FT-5001-6826-3

7660 Memo-tak©
Pro-memoria

A _____
_____ Data _____
Sig. _____
Ditta _____

☐ è passato   ☐ ha telefonato
☐ ripasserà   ☐ richiamera
☐ chiede di essere richiamato
☎ _____
☐ ha lasciato la seguente comunicazione
_____

"Scotch" e
FT-5001-6826-3

Memo-tak©
Pro-memoria

A _____
_____ Data _____
Sig. _____
Ditta _____

☐ è passato   ☐ ha telefonato
☐ ripasserà   ☐ richiamera
☐ chiede di essere richiamato
☎ _____
☐ ha lasciato la seguente comunicazione
_____

"Scotch" e "Memo-tak" sono marchi registrati 3M
FT-5001-6826-3

7660 Memo-tak©
Pro-memoria

A _____
_____ Data _____
Sig. _____
Ditta _____

☐ è passato   ☐ ha telefonato
☐ ripasserà   ☐ richiamera
☐ chiede di essere richiamato
☎ _____
☐ ha lasciato la seguente comunicazione
_____

"Scotch" e "Memo-tak" sono marchi registrati 3M
FT-5001-6826-3

11   Ascolta i dialoghi e dì a quali disegni corrispondono.

12

a. Ascolta i gruppi di due parole, e per ognuna dì se si tratta di una parola italiana che riconosci oppure no. Attenzione: in molti casi si tratta di parole che non esistono.

b. Ricordi la differenza che abbiamo visto tra i suoni /b/ e /p/, /v/ e /f/, /d/ e /t/, e /g/ e /k/?

Anche tra il suono /dʒ/ e il suono /tʃ/ esiste lo stesso rapporto. Se ti appoggi una mano sulla gola, puoi notare che quando pronunci /dʒ/ senti una vibrazione, e quando pronunci /tʃ/ non la senti.

Ascolta le parole e ripetile facendo attenzione alla pronuncia di questi due suoni.

Ascolta di nuovo le parole e scrivile. Attenzione alle doppie!

Ora leggi ad alta voce le parole che hai scritto.

Venerdì sera sono andato ad una festa

1 Copri il testo e ascolta i dialoghi.

a.

● Allora, com'è andato il fine settimana?

○ Bene. Abbiamo fatto una gita bellissima. Siamo andati al Parco Nazionale d'Abruzzo.

● Ah... Io ci sono stata l'anno scorso. E' venuto anche Carlo?

○ Purtroppo no. Si è sentito male all'ultimo momento.

● Come mai?

○ Sai, venerdì sera siamo stati a una festa. Lui ha bevuto un po' troppo e poi ci siamo...

b.

● E domenica cos'hai fatto?

○ Ho dormito tutta la mattina e poi sono andato allo stadio.

● Cos'ha fatto il Milan?

○ Ha vinto 3 a 0.

c.

● Avete visto Filippini?

○ No. Non è ancora arrivato.

d.

● Noi ieri sera siamo andati al cinema.

○ Cos'avete visto?

● "L'ultimo imperatore".

○ Ah! L'ho visto giovedì. Vi è piaciuto?

2   Guarda cosa puoi usare per localizzare momenti del passato.

oggi
stamattina
oggi pomeriggio
stasera
stanotte
...
	ieri Ø
	      mattina
	      pomeriggio
	      sera
	      notte
	      ...

l'altro ieri
l'altro giorno
...

questa   settimana   il   mese   scorso
questo   mese   la   settimana   scorsa
quest'   estate   l'   anno
           anno   primavera
           ...   ...

Attenzione!

~~un giorno fa~~
~~due momenti fa~~

un   momento   fa
un'   ora
una   settimana
due   giorni
tre   ...
...

lunedì   (scorso)
martedì
...

● Cos'hai fatto sabato scorso?
○ Sono uscita con Giulio.

Quando è stata l'ultima volta che hai fatto queste cose?
Parlane con un tuo compagno.

- sei andato al cinema
- ti sei arrabbiato
- sei andato al mare
- hai baciato qualcuno
- sei andato dal dottore
- hai preso un caffè
- sei andato a visitare un
   museo o una mostra
	- hai scritto una lettera
	- hai avuto molta paura
	- sei andato a sciare
	- sei arrivato in ritardo
	- ti sei sentito male
	- hai pianto
	- hai fatto un viaggio
	   all'estero

● Quando è stata l'ultima volta che sei andato al cinema?
○ Martedì. E tu?
● Non mi ricordo. Forse il mese scorso...

3   Ecco un nuovo tempo verbale.

Per raccontare cose fatte nel passato: il passato prossimo

	presente di avere		*participio passato*		
oggi	**ho**	+	cant**ato**		
ieri	**hai**		mangi**ato**	-are	**-ato**
un mese fa	**ha**		av**uto**		
l'anno scorso	**abbiamo**		ten**uto**	-ere	**-uto**
nel 1961	**avete**		sent**ito**		
...	**hanno**		pul**ito**	-ire	**-ito**

Attenzione!

essere	⇒	**stato**		dire	⇒	**detto**
scrivere		**scritto**		morire		**morto**
leggere		**letto**		chiedere		**chiesto**
nascere		**nato**		fare		**fatto**
vedere		**visto**		prendere		**preso**
venire		**venuto**		vincere		**vinto**
vivere		**vissuto**				

Verbi che esprimono un movimento o una trasformazione del soggetto

presente di essere		*participio passato*
sono		and**ato/a**
sei	+	cresci**uto/a**
è		part**ito/a**

siamo	+	arriv**ati/e**
siete		cad**uti/e**
sono		guar**iti/e**

Verbi riflessivi

presente di essere		*participio passato*
mi **sono**		pettin**ato/a**
ti **sei**	+	sed**uto/a**
si **è**		fer**ito/a**

ci **siamo**	+	alz**ati/e**
vi **siete**		lav**ati/e**
si **sono**		vest**iti/e**

E' caduto

Si è lavata

Sono partiti

Sono arrivate

Sono nati

Attenzione!
Quando il passato prossimo si forma con il verbo **essere**, il participio passato concorda con il soggetto.

4 Ascolta di nuovo i dialoghi del punto 1 senza leggere il testo, e segna con una X le informazioni esatte.

a.

Hanno fatto una gita:
al Parco Regionale d'Abruzzo ☐
al Parco Nazionale del Lazio ☐
al Parco Nazionale d'Abruzzo ☒

La ragazza c'è stata:
l'anno scorso ☒
l'inverno scorso ☐
il mese scorso ☐

Carlo:
c'è andato ma si è sentito male ☐
c'è andato e ha bevuto troppo ☐
non c'è andato perché
si è sentito male ☐
non c'è andato perché
è andato a una festa ☐

b.

Domenica l'uomo:
ha dormito tutta la mattina ☒
ha letto tutta la mattina ☐
ha lavorato tutta la mattina ☐

Il Milan:
ha perso 3 a 0 ☐
ha vinto 2 a 0 ☐
ha vinto 3 a 0 ☒

c.

La signora sta cercando:
Vicentini ☐
Filippini ☒
Forattini ☐

d.

La donna ieri sera ha visto:
"L'ultimo imperatore" ☒
"L'ultimo dittatore" ☐
"L'unico imperatore" ☐

L'uomo:
l'ha visto venerdì ☐
l'ha visto giovedì ☒
l'ha visto martedì ☐

Ora ascolta ancora una volta i dialoghi leggendo il testo. Se c'è qualcosa che non capisci, chiedilo al tuo insegnante.

5

Cos'è successo a queste persone? Cos'hanno appena fatto?
Parlane con un tuo compagno o con il tuo insegnante.

6

Ascolta il dialogo e scrivi in ordine cronologico quello che ha fatto Susanna ieri sera.

Susanna:

fino a verso mezzanotte

verso mezzanotte

a mezzanotte e mezza

dopo

verso l'una e mezza

verso le due

verso le due e mezza

7 Leggi una volta questo breve riassunto delle principali tappe della vita di Nanni Moretti. Non usare il dizionario.

Nanni Moretti è nato a Brunico, in provincia di Bolzano, il 19 agosto 1953. E' sempre vissuto a Roma. Ha cominciato ad andare al cinema regolarmente verso i 15 anni, spesso da solo, a volte con un amico. Nello stesso periodo ha iniziato a giocare a pallanuoto. Dopo il liceo ha cercato di inserirsi in qualche modo nel mondo del cinema, ma senza successo. Ha recitato con i fratelli Taviani e Marco Bellocchio. Nel 1976 è uscito il suo primo film, *Io sono un autarchico*. Due anni dopo è la volta di *Ecce Bombo*. Il film, costato 180 milioni, ha incassato due miliardi. Ha partecipato al festival di Cannes. Nel 1981 *Sogni d'Oro*, il suo terzo film, ha ricevuto il Leone d'Oro al festival di Venezia, ma il successo di pubblico è stato scarso. Ha invece ottenuto un grande successo di pubblico e di critica con *Bianca* (1984). L'anno seguente il successo si è ripetuto con *La messa è finita*: molti critici lo hanno indicato come il miglior film italiano dell'anno. Nel 1989, infine, è uscito *Palombella rossa*.

Ti ricordi che nell'Unità 10 abbiamo visto le date? Quando, per situare un avvenimento nel passato o nel futuro, vogliamo parlare solo dell'anno, usiamo **nel** + *anno*.

Con il libro chiuso, ripeti insieme ai tuoi compagni tutto quello che ricordi della vita di Nanni Moretti. Chi di voi ha più memoria?

Leggi di nuovo il testo. Se c'è qualcosa che non capisci, parlane con il tuo insegnante.

8 Ora esercitati con uno o due compagni. Cosa avete fatto in queste occasioni?

ieri sera	l'altro ieri	lunedì	sabato scorso
a Natale	a Capodanno	quest'estate	domenica scorsa
ad agosto	per il tuo compleanno	...	

● Cosa avete fatto sabato?
○ Dunque… Prima siamo andati a cena fuori, poi siamo andati da Letizia, e poi abbiamo fatto un bagno in piscina.

Per ordinare una sequenza di fatti

Prima …, poi …, e poi ….

9 Leggi questo brano tratto dal romanzo "Il filo dell'orizzonte", di Antonio Tabucchi.

Ha passato la giornata a mettere in ordine i suoi libri. E' incredibile la quantità di giornali e di fogli che si possono accumulare in una casa: ne ha buttato via delle grosse pile, ripulendo il divano e gli angoli dove erano andati ad ammucchiarsi durante gli anni. [...] Quando ha finito la casa sembrava un'altra. Chissà come sarebbe piaciuta a Sara, poverina, per quanto tempo ha sopportato quell'indescrivibile disordine. In serata le ha scritto una lettera e l'ha chiusa in una busta che aveva già affrancato, con l'intenzione di impostarla andando all'appuntamento. Poi ha telefonato a Corrado, ma gli ha risposto la segreteria telefonica. Ha dovuto riabbassare perché lì per lì non è stato capace di lasciare il messaggio che la voce registrata chiedeva; poi si è preparato una frase e ha fatto di nuovo il numero. "Ciao Corrado", ha detto, "sono Spino, volevo salutarti e dirti che ti penso con affetto". Quando ha riabbassato gli è venuto in mente un giorno di tanti anni prima, allora ha fatto ancora il numero e ha detto: "Corrado, sono di nuovo io, ti ricordi quel giorno che andammo a vedere *Pic-nic* e ci innamorammo di Kim Novak?". Solo quando ha riabbassato si è reso conto di aver detto una cosa ridicola, ma ormai non poteva più rimediare. [...] All'ora di cena si è preparato uno spuntino con una scatoletta di salmone che teneva in frigorifero chissà da quanto tempo e con dell'ananas innaffiato di porto. Quando la sera è calata ha acceso la radio senza accendere la luce ed è rimasto nell'oscurità a fumare guardando dalla finestra le luci del porto. Ha lasciato che il tempo scorresse, gli piace ascoltare la radio nel buio, gli ha sempre dato un senso di lontananza. Poi il campanile di San Donato ha battuto le undici e lui si è riscosso. Ha lavato i piatti e ha messo a posto la cucina al chiarore della candela perché temeva la violenza della luce elettrica. E' uscito alle undici e mezzo, ha chiuso a chiave la porta e ha lasciato la chiave sotto il vaso dei fiori del ballatoio, dove la lascia sempre per Sara.

Antonio Tabucchi, *Il filo dell'orizzonte*

10 Ascolta le parole senza guardare il libro, e ripetile.
Attenzione alla pronuncia: [gw] e [kw] e non [gv] e [kv]!

Ascoltale di nuovo facendo attenzione a come si scrivono.

quartiere	**que**sto	**qua**ndo	**qua**le	**gua**rda
quello	**gue**rra	**qua**ttro	cin**que**	**qua**nto
guarire	**qua**ranta	**qua**si	**quo**ta	**qui**ndi
quindici	**quo**tidiano	**gua**ncia	**gua**nto	**gui**da

Hai notato che i suoni [gw] e [kw] si scrivono sempre **gu** + *vocale* e **qu** + *vocale*?

Ora ascolta ancora una volta le parole e cerca di scriverle senza guardare il libro.

Un po' d'esercizio

1 Parla con i tuoi compagni dell'ultima volta che sei andato al ristorante. Quando è stato? Dove sei andato? Con chi? Pensi di tornarci oppure no? Perché?

- • L'ultima volta che sono stata a cena fuori è stato mercoledì scorso. Ho portato degli amici inglesi in una trattoria tipica romana.
- ○ Cosa avete mangiato?
- • Mah, tutte cose molto semplici, soprattutto a base di carne... e abbiamo anche bevuto un sacco, in quel posto il vino è buonissimo...
- ○ ...

2 Dividetevi in coppie. Ognuno dei due sceglie una delle due liste e scrive i nomi dei negozi e dei servizi sugli edifici dello stesso colore della lista.

RISTORANTE	CHIESA
OSPEDALE	SUPERMERCATO
GIORNALAIO	LIBRERIA
TABACCHI	MACELLERIA
SCUOLA	FORNO
ALIMENTARI	

BAR	PIZZERIA
BANCA	UFFICIO POSTALE
CINEMA	ALBERGO
GIORNALAIO	MUSEO
FARMACIA	PROFUMERIA
ABBIGLIAMENTO	clothes

Ora, senza guardare il libro del tuo compagno, completa la piantina facendogli delle domande. Alla fine controllate se le due piantine sono uguali.

- • Dov'è l'ospedale?
- ○ In corso Vittorio Emanuele, dietro la chiesa.
- • E la pizzeria?
- ○ La pizzeria... è in via Goldoni, vicino alla scuola.
- • ...

3 Segui sulla piantina le indicazioni che vi dà l'insegnante.
Qual è il suo punto di arrivo?

Follow the indications that teacher gives to you

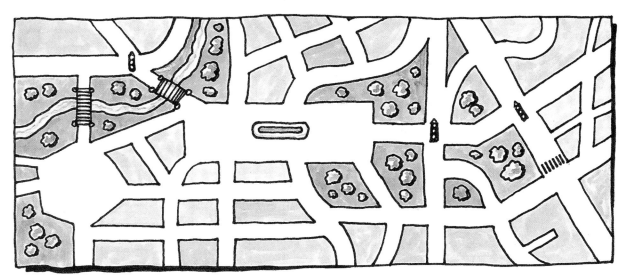

Adesso scegli tu un punto di partenza, pensa a un percorso e spiegalo ai tuoi compagni. Vediamo se arrivano tutti allo stesso punto!

4 Conosci Anna Magnani? Leggi questo testo sulle tappe principali della sua vita.

Read this text

Anna Magnani è nata a Roma il 7 marzo 1908 ed è morta, sempre a Roma, il 26 marzo 1973. Ha iniziato a recitare verso i vent'anni, in spettacoli teatrali molto popolari. Il primo grande successo è arrivato nel 1945, con *Roma città aperta*, diretto da Roberto Rossellini, il film che ha segnato la nascita del neorealismo.

Dopo *Roma città aperta* Anna Magnani ha recitato, oltre che con Rossellini, con tutti i più importanti registi italiani: Visconti (*Bellissima*, del 1951), De Sica, Pasolini (*Mamma Roma*, del 1962), Monicelli, Zeffirelli, Fellini. Nel 1956 ha vinto il premio Oscar con *La rosa tatuata*, diretto da Daniel Mann su un soggetto di Tennessee Williams.

Anna Magnani è stata una donna dalla personalità complessa, difficile. Appassionata e dolce, generosa e istintiva, la sua vita riflette le contraddizioni del suo carattere: ha avuto un'infanzia difficile, molti amori e moltissimi amici, un figlio a 35 anni, grandi successi e clamorosi insuccessi. "La più grande attrice del mondo" l'ha definita Orson Welles.

5 Vuoi conoscere altri italiani famosi? Per la prossima lezione, fai una piccola ricerca su uno di questi personaggi: puoi consultare un'enciclopedia, o chiedere informazioni a qualcuno. Prendi degli appunti e poi parlane in classe con i tuoi compagni.

Giovanni Boccaccio	Carlo Goldoni	Raffaello Sanzio
Dante Alighieri	Antonio Vivaldi	Gabriele D'Annunzio
Alessandro Manzoni	Giuseppe Garibaldi	Alessandro Volta
Cristoforo Colombo	Enrico Fermi	Ludovico Ariosto
Francesco Petrarca	Giotto	Caravaggio
Giuseppe Verdi	Giacomo Balla	Giacomo Puccini
Michelangelo Buonarroti	Guglielmo Marconi	Giorgio De Chirico
Galileo Galilei	Leonardo Da Vinci	Luigi Pirandello

| Galileo Galilei | Caravaggio | Alessandro Manzoni | Giuseppe Verdi |

6 Leggi questo articolo del "Corriere della sera" del 12/8/90.

Nonna picchia i parenti «In ferie vengo anch'io»

TERAMO - Qualche colpo di mattarello a figlia, genero e nipote, che volevano trascorrere il ferragosto in Puglia, lasciandola per alcuni giorni in un istituto, e una vecchietta di Martinsicuro (un piccolo centro della costa abruzzese), V.A. di 86 anni, è riuscita a «convincere» la sua famiglia a portarla in vacanza, grazie anche all'intervento dei carabinieri.

Ecco i fatti. Non volendo rimanere sola per il secondo anno consecutivo, la nonnetta terribile ha fatto finta di stare male per qualche settimana. La figlia ha però verificato con il medico di famiglia le buone condizioni di salute della donna, e ha quindi deciso di lasciarla per qualche giorno in un istituto per anziani e andare col marito e il figlio in ferie, senza quell'ingombrante presenza. La nonna ha però scoperto la soluzione trovata dai suoi familiari ed è ricorsa al mattarello che teneva sotto il materasso.

Uno strumento doloroso (ha costretto il nipote sedicenne, la figlia e il genero a ricorrere alle cure dei medici), ma indubbiamente efficace. Avvisati dai medici, i carabinieri sono intervenuti e hanno convinto i quattro componenti della famiglia a «mettere una pietra» sul passato e a partire tutti insieme per il ferragosto.

(Testo adattato)

Ti ricordi una situazione o un episodio strano che hai letto su un giornale, che ti hanno raccontato o che hai vissuto tu stesso? Raccontalo ai tuoi compagni.

7 Ascolta la telefonata che Cristina ha fatto a Linda al suo ritorno da un viaggio a Roma.

Adesso ascolta la telefonata ancora una volta e segna con una X le informazioni esatte.
Attenzione! Le risposte giuste possono essere più di una!

corret

Gabriele è:
- ☐ analista
- ☒ giornalista
- ☐ farmacista

Gabriele abita:
- ☐ dalle parti del Pantheon
- ☒ vicino a piazza Navona
- ☐ dietro piazza Savona

Secondo Linda, Roma:
- ☐ è una bella città
- ☐ è una città strana
- ☒ è una città caotica

Linda ha incontrato:
- ☒ Enrico
- ☐ Marina
- ☐ Sandro
- ☐ Angelo

Il ristorante si trova:
- ☐ dietro a Castel S. Angelo
- ☒ vicino a casa della zia di Cristina
- ☐ sul Lungotevere

C'è una città che hai visitato e che ti ha particolarmente impressionato, in positivo o in negativo?
Raccontalo ai tuoi compagni.

8 Leggi questo testo sulle vacanze degli italiani e completa la tabella con i dati corrispondenti.

> **D**agli ultimi dati forniti dalla TOXA, un italiano su due (precisamente il 55%) si concede almeno un periodo di vacanza all'anno, anche se ciò accade più nel nord Italia (65%) che nel sud (35%). E quali sono le mete preferite dagli italiani in vacanza?
>
> A grande maggioranza scelgono il mare (57%), seguito a grande distanza dalla montagna (17%) e dalle città d'arte (16,3%). Soltanto il 5% sceglie la campagna, e ancor meno (2%) sono quelli che preferiscono il lago o la collina.

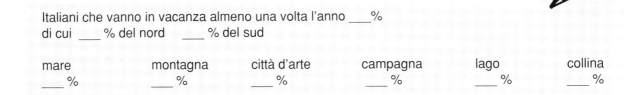

Italiani che vanno in vacanza almeno una volta l'anno ___%
di cui ___ % del nord ___ % del sud

mare	montagna	città d'arte	campagna	lago	collina
___%	___%	___%	___%	___%	___%

Adesso scegli una di queste schede e fai una piccola indagine nella tua classe.
Poi spicga i risultati ai tuoi compagni.

Quale lavoro preferisci tra questi?   *among these*

giornalista   chirurgo   assistente sociale
ricercatore   *surgeon*   pilota di aereo
researcher

Qual è lo sport più avvincente in TV?   *football   boxing*

calcio   pugilato   formula 1
ciclismo   tennis
cycling

Quale cibo preferisci tra questi?   *food*

dolci   pasta   pesce   carne   verdura

In quale di queste città vorresti vivere?   *would you like to live*

Roma   Mosca   Tokio   New York   Parigi

Qual è l'hobby più piacevole?   *pleasant hobby*

collezionismo   bricolage
lettura   musica   sport
reading

Qual è il tuo mezzo di trasporto preferito?

la nave   il treno   l'aereo
la macchina   la moto   l'autostop
hitchhiking

Qual è la tua meta preferita per le vacanze?   *holiday*

mare   montagna   campagna   lago   città d'arte

9

Ascolta questa conversazione tra la signorina Cucchi e il suo agente di viaggi.

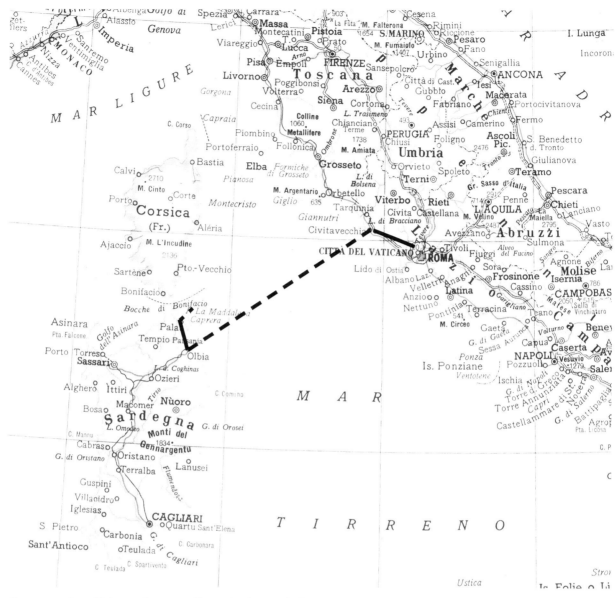

Ora completa l'itinerario con gli orari e i mezzi di trasporto.

Andata il _____ Sabato dieci _(25 July)_					
Roma Termini ore 7.30	**mezzo di trasporto** il treno	**Civitavecchia** ore 8.15	**Civitavecchia** ore 10.40	**mezzo di trasporto** _____	**Olbia** ore 17.30
Olbia ore 18.40	**mezzo di trasporto** l'autobus	**Palau** ore 8.10	**Palau** ore 20.15	**mezzo di trasporto** l'al il nave	**Maddalena** ore 15

Ritorno il _____ 30th agosto					
Maddalena ore 11.15	**mezzo di trasporto** il traghetto	**Palau** ore _____	**Palau** ore 13.30	**mezzo di trasporto** l'autobus	**Olbia** ore 15.20
Olbia ore 16.45	**mezzo di trasporto** l'aereo	**Roma Fiumicino** ore 17.25			

Ti è mai capitato di fare un viaggio molto lungo e faticoso?
Raccontalo ai tuoi compagni.

10

a. Ascolta le parole.

Svezia	Fabrizio	Tiziana	terzo	vacanza
attenzione	pizza	colazione	alzarsi	spazio

Hai capito come si pronuncia il suono /ts/? E' come se dicessi una /t/ seguita immediatamente da una /s/.

Ascolta di nuovo le stesse parole e ripetile.

b. Alcuni studenti stranieri a volte confondono il suono /ts/ con /tʃ/. Attenzione! Ascolta le parole e dì se contengono il suono /ts/ o se contengono il suono /tʃ/.

stazione	pronuncia	dice	fidanzato	ragazzo
pizza	francese	nazione	Svizzera	piazza
indirizzo	terrazza	spazio	facciamo	negozio
salsicce	invece	doccia	abbastanza	ufficio

Riesci a sentire bene la differenza tra i due suoni?
In /tʃ/ l'aria non è bloccata dalla punta della lingua sui denti, ma dal dorso della lingua spinto contro gli alveoli (la parte anteriore della bocca, tra il palato e i denti).

Ascolta di nuovo le stesse parole e ripetile.

c. E' anche importantissimo non confondere questi due suoni con il suono /ʃ/.

Ascolta le parole e ripetile. Attenzione a distinguere bene i suoni!

cinema	sciare	facciamo	piazza	uscire
preferisci	ufficio	negozio	spazio	doccia
conosci	lasciare	cena	pizza	adolescente

Vi posso offrire qualcosa da bere?

1 Copri il testo e ascolta i dialoghi una o due volte.

a.

● Chi è?
o Sono Ignazio.
● Ignazio, ciao, come va?
o Ciao, bene, grazie, e tu? C'è Antonella?
● Sì, adesso te la chiamo... Ti posso offrire qualcosa... Un caffè...
o No, no, grazie, l'ho già preso.

b.

● Che facciamo, usciamo?
o Sì, aspetta che finisco di lavare i piatti... Vuoi un po' di frutta? Un dolce?
● Sì, un po' di frutta va bene, grazie.

c.

● Dottore, Le posso offrire qualcosa? Whisky?
o No, no, grazie, non bevo.

Ora ascoltali di nuovo, e scrivi le forme che si usano per offrire oggetti.

Ascoltali ancora una volta leggendo il testo. Se c'è qualcosa che non capisci, chiedi aiuto al tuo insegnante.

2 Ecco dei prodotti tipicamente italiani. Li conosci? Alcuni di questi si offrono comunemente, mentre altri sono caratteristici di particolari periodi dell'anno. Parlane con i tuoi compagni.

3   Guarda questo.

Per offrire oggetti

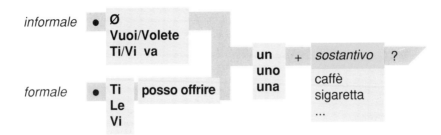

informale	• Ø **Vuoi/Volete** **Ti/Vi va**		**un** **uno** **una** + *sostantivo* ?	
formale	• **Ti** **Le** **Vi**	**posso offrire**		caffè sigaretta ...

Per accettare o rifiutare

○ **Sì,** + **grazie**
volentieri
va bene

○ **No, grazie,** + *giustificazione del rifiuto*
non fumo
l'ho già preso
...

queste espressioni
si possono combinare
in vari modi

● Le posso offrire qualcosa da bere?
○ Sì, grazie, volentieri. Un caffè.

● Vuoi provare il nuovo dentifricio?
○ No, grazie, mamma, non mi va.

● Ti posso offrire un caffè?
○ No, grazie, non ti preoccupare.
● Ma dai, un caffè, un succo di frutta...
○ No, davvero, grazie.
● Ma sì, dai, lo vado a preparare.
○ Va bene, grazie.

Nei rapporti formali, di solito prima si rifiuta, l'altra persona insiste, e poi si accetta.

4 Un compagno ti è venuto a trovare a casa. Devi essere ospitale. Offrigli qualcosa.

- ● Ti posso offrire un succo d'arancia?
- ○ No, grazie, ho preso un caffè poco fa.

- ● Ti va un bicchiere di birra?
- ○ Sì, grazie, volentieri.

5 Ascolta alcuni scambi di battute degli amici che stanno lavorando insieme, e segna cosa viene offerto e se è accettato o rifiutato.

	cose offerte	accetta	rifiuta
a.	_____	____	____
b.	_____	____	____
c.	_____	____	____
d.	_____	____	____
e.	_____	____	____
f.	_____	____	____

6 Leggi questa lettera con l'aiuto del tuo insegnante.

Per riferirci a qualcosa
che ha un valore generale
e non si riferisce a un
soggetto in particolare
usiamo

Si + *3ª persona singolare*

In Italia si parla italiano.
La sera si usa uscire a
prendere qualcosa con
gli amici.

E' così anche nel tuo paese?
Che differenze ci sono?
Parlane con i tuoi compagni
e il tuo insegnante.

Civita D'Antino, 1° agosto

Cara Anne,

Ti scrivo da un piccolo paese vicino ad Avezzano.
Sono due settimane che sono qui in vacanza con Sandro,
e mi sto riposando veramente.
La mattina dormo fino a tardi, e la sera vado sempre
a letto abbastanza presto. Sto ingrassando! Questo è
l'unico problema!
Sai, in Italia si usa molto prendere qualcosa insieme
agli amici, ai parenti, e perfino insieme ai semplici cono
scenti. Si mangia e si beve per stare insieme.
Questo è un piccolo paese e ogni volta che incontriamo
qualcuno che conosciamo ci invitano al bar a prendere
un caffè, un aperitivo, un tramezzino ... Il giorno dopo
li invitiamo noi ... Poi ogni sera invitiamo qualcuno
a casa, e naturalmente gli offriamo qualcosa, dei dolci,
un liquore, e così via! E la cosa buffa è che se un
giorno decidiamo di stare da soli, ecco che arriva qualche
zia ad invitarci a casa sua. Certo, noi non possiamo
accettare al primo invito, ma se insistono ... Rifiutare
è proprio impossibile, e allora ... di nuovo aperitivi,
patatine, tartine, e spesso anche un invito a pranzo!
Insomma, la nostra vacanza è mangiare, dormire,
dormire e mangiare!
Spero di vederti presto e ... di dimagrire in tempo!

Un bacione
Roberta

7

Copri il testo, ascolta i dialoghi una o due volte e rispondi.

a.
- ● Scusate, c'è un telefono qui?
- ○ Sì, è lì, dietro la porta.
- ● Ah... e avete un gettone?
- ○ Un gettone? Io no, non ce l'ho.
- ■ Ce l'ho io. Tieni.
- ○ Grazie.

b.
- ● Non mi sento bene, ho un mal di stomaco...
- ○ Io ho delle gocce per il mal di testa...
- ● No, grazie. Non hai un'aspirina?
- ○ Sì, credo di sì... Aspetta, eh...ecco, tieni.
- ● Grazie.

c.
- ● Ecco, deve riempire questa scheda.
- ○ Grazie. Mi presta una penna?
- ● E' lì, vicino al telefono.

d.
- ● Ho un freddo! Mi presti un maglione?
- ○ Sì, certo, vieni.

e.
- ● Ti posso offrire un po' di gelato?
- ○ No grazie.
- ● Vuoi qualcos'altro?
- ○ Mmm... Hai una coca-cola?
- ● Sì, è nel frigo. Guarda... Vicino alla frutta.

f.
- ● Sono rimasto senza soldi, mi presti cinquemila lire?
- ○ Sì, certo. Sono... nella mia borsa...
- ● Dove? Non le trovo...
- ○ Ma sì, in quella tasca laterale... vicino alle caramelle.

Cosa chiedono?			
dei soldi	——	della frutta	——
della coca-cola	——	delle caramelle	——
delle gocce per il mal di testa	——	un'aspirina	——
del gelato	——	un gettone	——
un telefono	——	una penna	——

Ora ascoltali di nuovo, e scrivi le forme che si usano per chiedere oggetti.

Ascoltali ancora una volta leggendo il testo. Se c'è qualcosa che non capisci chiedilo al tuo insegnante.

8   Guarda questo.

Per chiedere oggetti

In modo generico, o se non sappiamo se l'altro ha la cosa richiesta

● **Hai**   +   *cosa richiesta*   ?
  Ha
  Avete   una matita
                 un gettone
                 100 lire
                 ...

Se sappiamo che l'altro ha la cosa richiesta o se parliamo di cose che non si restituiscono

● **Mi   dai**   + *cosa richiesta*   ?
  Ci   dà
       date   un'aspirina
                    una sigaretta
                    un bicchier d'acqua
                    ...

Se chiediamo cose con l'intenzione di restituirle

● **Mi   presti**   +   *cosa richiesta*   ?
  Ci   presta
       prestate   una penna
                        10.000 lire
                        la tua giacca
                        ...

Ti ricordi che per chiedere qualcosa cortesemente usiamo **per favore**?

Quando diamo qualcosa a qualcuno

○ **Ecco**
  Tieni/Tenga/Tenete

Per rispondere a una richiesta di qualcosa

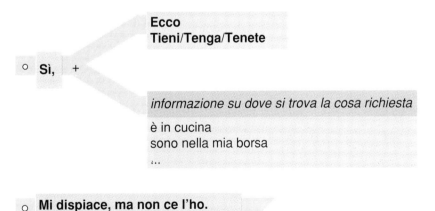

                        Ecco
                        Tieni/Tenga/Tenete

○ **Sì,**   +

                        informazione su dove si trova la cosa richiesta
                        è in cucina
                        sono nella mia borsa
                        ...

○ **Mi dispiace, ma non ce l'ho.**
  Scusa, ma mi servono.
  ...

● Hai il numero di Simona? Le volevo telefonare...
○ Sì, è nella mia agenda, sul tavolo.

● Mi dai qualcosa da mangiare, per favore? Ho una fame!
○ Sì, ora ci facciamo un panino.

● Mi offre una sigaretta, per favore?
○ Mi dispiace, le ho finite.

● Mi presti la macchina? Volevo fare un salto da Anna.
○ Scusa, ma mi serve. Devo andare a prendere i bambini a scuola.

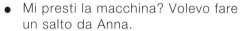

● Mi puoi prestare un attimo la penna?
○ Sì, certo, tieni.

Spesso quando chiediamo qualcosa a qualcuno spieghiamo perché lo chiediamo, o aggiungiamo **un attimo** o **un momento** per indicare che si tratta di un prestito breve.

9 Stai lavorando insieme a un tuo compagno. Ora siete a casa sua. Hai bisogno di alcune cose. Chiedigliele.

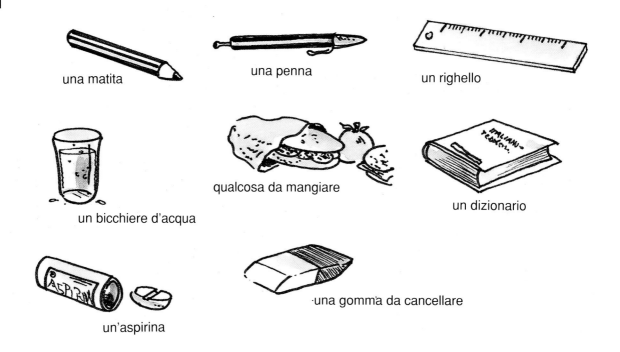

una matita

una penna

un righello

un bicchiere d'acqua

qualcosa da mangiare

un dizionario

un'aspirina

una gomma da cancellare

 10 **a.** Ascolta le parole e ripetile.

Paolo	luna	dialoghi
palla	bello	ballo
meglio	luglio	maglione

b. Ora ascolta le parole e scrivi a quale gruppo appartengono.

/l/	/ll/	/ʎ/	nessuno dei tre suoni

Ascolta di nuovo le stesse parole e ripetile.

Le dispiace se chiudo la porta?

1 Copri il testo, ascolta i dialoghi una o due volte e segna le informazioni esatte.

a.
- Le posso offrire qualcosa? Un tè freddo, una limonata...
- ○ No, grazie. Posso avere un bicchier d'acqua?
- Ma certo, glielo vado a prendere.

b.
- Fa freddo, ti dispiace se chiudo la finestra?
- ○ Fumi?
- No, io no.
- ○ Allora sì, chiudi.

c.
- Permesso? Posso entrare?
- ○ Chi è? Ehi, Lucia, ciao, entra pure.

d.
- Vi dispiace se fumo?
- ○ Per me sì, fuma, fuma.
- ▲ No, scusa, a me dà fastidio.

a.
uno dei due offre qualcosa da bere all'altro	☐
uno dei due chiede una limonata all'altro	☐
uno dei due chiede il permesso di fare qualcosa	☐

b.
uno dei due vuole chiudere la finestra	☐
uno dei due chiede il permesso di fare qualcosa	☐
uno dei due offre una sigaretta all'altro	☐
uno dei due chiede il permesso di fumare	☐

c.
Lucia chiede il permesso di entrare	☐
Lucia è a casa sua	☐
Non si conoscono	☐

d.
uno dei tre vuole fumare	☐
tutti e tre fumano	☐
uno dei tre non fuma di sicuro	☐
uno dei tre si accende una sigaretta	☐
i tre hanno un rapporto molto formale	☐
i tre sono amici e sono in confidenza	☐
i tre non si conoscono molto bene ma hanno un rapporto informale	☐

Ora ascoltali di nuovo, e scrivi le forme che si usano per chiedere il permesso.

Ascoltali ancora una volta leggendo il testo.
Se c'è qualcosa che non capisci chiedilo al tuo insegnante.

2   Guarda questo.

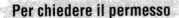

Per chiedere il permesso

● **Posso**
Possiamo + *infinito* ?

aprire la finestra
alzare il volume
...

● **Ti**
Le   **dispiace se** + *verbo coniugato* ?
Vi

chiudo la porta
usciamo
...

Per concedere il permesso

○ **Sì,** +

certo
prego

imperativo

apri
chiuda
uscite
...

Quando concediamo il
permesso, di solito
combiniamo questi
elementi, o ne ripeliamo
uno due volte

Imperativo affermativo

torn**are**	
torn**a**	tu
torn**i**	lei
torn**ate**	voi

prend**ere**	
prend**i**	tu
prend**a**	lei
prend**ete**	voi

apr**ire**	
apr**i**	tu
apr**a**	lei
apr**ite**	voi

Per il **voi** l'imperativo affermativo
è uguale al presente indicativo.

Quando non vogliamo concedere il permesso

○ **Scusa, ma** +	*scusa/giustificazione*
	ho freddo.
	il fumo mi fa venire la tosse.
	...

Nei rapporti formali è raro non concedere il permesso,
a meno che si tratti di rapporti di dipendenza
o subordinazione.

EFFETTO SERRA
INQUINAMENTO, BUCO NELL'OZONO
COSA PUOI FARE TU
PER COMBATTERE TUTTO QUESTO?

Hai veramente bisogno della tua macchina oggi? Non potresti camminare o andare in bicicletta? È sicuramente meglio per la tua salute e **per il** **tuo PIANE-TA!** Se proprio vuoi prendere la macchina, perché non provare ad offrire un passaggio ad amici che vanno nella tua stessa direzione? ● **SELEZIONA!** Scegli con maggior cautela i tuoi elettrodomestici, cerca il modello a minor consumo energetico, spegni le luci che non servono, lo scaldabagno ● **RISPARMIA!** sull'uso del riscaldamento domestico. Puoi fare dei biamenti nella tua casa per aumentare l'efficienza e diminuire i consumi, sostituisci le lampadine chiedendo lampade fluorescenti compatte. ● **INDAGA!** Sulla possibilità effettiva di utilizzare impianti di riscaldamento solare dell'acqua. Non comprare nulla che contenga CloroFluoroCarburi, controlla l'etichetta! Evita i condizionatori d'aria. Non accettare mai contenitori di polistirolo, anche questo è prodotto con CFC! ● **COMPRA** cibi naturali, provenienti da coltivazioni biologiche che non siano stati trattati con fertilizzanti. I concimi contribuiscono all'Effetto Serra. ● **RIDUCI, RIUSA, RICICLA!** L'energia è consumata in tutti i processi produttivi, anche in quelli che possono sembrare semplici, rifiuta prodotti con imballaggi esagerati e non riciclabili, tenta ogni volta che puoi di riutilizzare le scatole, le buste e le plastiche che trovi in casa. Usa più che puoi le bottiglie di vetro. ● **CERCA!** il centro più vicino per il riciclaggio della carta, l'accumulo della carta nelle discariche produce metano, altro gas che contribuisce all'Effetto Serra. ● **CHIEDI!** che nel tuo quartiere vengano introdotti i contenitori per rifiuti separati, alluminio, vetro, plastica e carta. ● **FERMATI!** un attimo di più nel momento di un acquisto qualsiasi e pensa se ciò che stai comprando in qualche modo ha danneggiato l'ambiente, se ne hai veramente bisogno, se il contenitore può essere riciclato. ● **PIANTA!** un albero dove puoi, fai qualcosa anche tu per combattere gli effetti della deforestazione! Fatti coinvolgere in ciò che accade a migliaia di chilometri di distanza. ● **RICORDATI!** l'ambiente non conosce frontiere ed il Pianeta è uno solo. Ti accorgerai che non è difficile vivere con una attenzione in più verso l'atmosfera, ci si diverte e puoi coinvolgere amici in questo importantissimo gioco! È ora di agire e di essere protagonisti della salvezza del Pianeta! Grazie per tutto quello che potrai fare.

GREENPEACE

---

3 Sei a casa di un tuo compagno. Chiedigli il permesso di fare queste cose.

- Hai freddo, e la finestra è aperta.
- Vuoi fumare una sigaretta, ma le hai finite.
- Hai bisogno di andare in bagno.
- Devi telefonare a casa per avvertire che torni tardi.
- Vuoi parlargli di un tuo problema personale, ma nella stanza accanto c'è gente, e tu non vuoi essere sentito.
- È molto tardi, sei stanco, e vorresti dormire lì.

UNITÀ 15

4

Tu e il tuo compagno siete in un albergo. Chiedete il permesso di fare alcune cose. Un altro compagno fa il portiere.

> - Volete pagare con la carta di credito.
> - Oggi dovete lasciare l'albergo. Il vostro aereo parte alle 18:00. Normalmente bisogna lasciare le camere prima di mezzogiorno. Volete rimanere fino alle 16:00.
> - Vi hanno detto di no. Dovete lasciare le camere prima di mezzogiorno. Andate a fare una passeggiata, ma volete lasciare le valige in albergo fino al momento di andare all'aeroporto.

5

Ascolta i dialoghi senza leggere il testo, e per ognuno segna con una X se chiedono a qualcuno di fare qualcosa, se chiedono il permesso di fare qualcosa, o se offrono di fare qualcosa.

a.
- ● In questo ufficio non si vede niente! Con tutte le finestre chiuse!
- ○ Apro?
- ● No, grazie, non c'è bisogno. Ora apro io.

b.
- ● Ehi, ti dispiacerebbe aiutarmi a portare queste buste?
- ○ Certo, aspetta.

c.
- ● Mi piace molto, ma è un po' larga.
- ○ Se vuole la possiamo stringere.
- ● Mah... sì... allora va bene.

d.
- ● Agenzia Arcobaleno, buongiorno.
- ○ Il signor Canepa, per favore.
- ● In questo momento è occupato. La faccio chiamare io?
- ○ No, non sono in casa.
- ● Allora può chiamare lei più tardi, per favore?
- ○ Sì, è meglio.

e.
- ● Ma che fai? E' troppo pesante. Te lo porto io?
- ○ Sì grazie, mi fai un grosso favore.

f.
- ● Puoi accompagnarmi dal dottore? Non mi sento bene.
- ○ Oddio, mi dispiace ma purtroppo non posso. Devo andare a fare la spesa.

	chiedono il permesso	chiedono di fare	offrono di fare
a.			
b.			
c.			
d.			
e.			
f.			

Ora ascolta di nuovo i dialoghi, e scrivi le forme che si usano per chiedere a qualcuno di fare qualcosa.

6 Guarda questo.

Per chiedere a qualcuno di fare qualcosa

• **Puoi/Può/Potete** + *infinito* ?
  Ti/Le/Vi dispiace

    aprire la finestra
    passarmi quella borsa
    telefonarmi domani
    ...

• *domanda*
  al presente indicativo ?

    Apri la finestra
    Mi passa quella borsa
    Mi telefonate domani
    ...

Per accettare di fare qualcosa

○ **Senz'altro.**
  Sì, certo.
  Volentieri.

Per rifiutare di fare qualcosa

○ **Scusa,** **ma (purtroppo) non posso.** *(+ spiegazione)*
  Mi dispiace,

    Ho da fare.
    Sono occupato.
    ...

• Le dispiace chiudere la porta?
  Non si sente niente.
○ Sì, certo.

• Le dispiace ripassare domani, per favore? Oggi sono veramente stanco.
○ Sì, certo, non si preoccupi.

• Mi passi quella borsa, per favore?
○ Tieni.
• Grazie.

Molto spesso, quando chiediamo a qualcuno di fare qualcosa aggiungiamo una piccola spiegazione.

7 Sei nelle seguenti situazioni... Hai dei piccoli problemi.
Chiedi aiuto a un tuo compagno.

- Devi andare alla posta a spedire delle lettere, ma sei molto raffreddato.
- Devi comprare un libro per un esame che stai preparando, ma sei molto in ritardo con lo studio.
- Dovete avvertire Gianni dell'appuntamento di domani, ma il tuo telefono non funziona.
- Sono le 12:45. Devi ancora andare in banca e a fare la spesa. I negozi e le banche chiudono alle 13:30. Non fai in tempo a fare tutto tu.
- Stai lavorando, ma il tuo compagno ha la musica a tutto volume e non ti riesci a concentrare.
- State uscendo insieme con la tua macchina, ma a te fa male un piede e non riesci a guidare.

8 Ora ascolta di nuovo i dialoghi del punto 5, e scrivi le forme che si usano per offrire aiuto a qualcuno, o offrire di fare qualcosa.

Ascoltali di nuovo leggendo il testo.
Se c'è qualcosa che non capisci chiedilo al tuo insegnante.

Guarda questo.

Per offrire aiuto

- Ti / La / Vi | posso / possiamo | aiutare ?

- Ti / Le / Vi | posso / possiamo | dare una mano ?

Per offrire di fare qualcosa

- *Domanda al presente indicativo* ?
  Apro la finestra
  Portiamo le valigie in macchina
  ...

- Se vuoi / vuole / volete + *presente indicativo*
  lo faccio io
  andiamo noi in banca
  ...

Per accettare

○ Sì, grazie.

Per rifiutare

○ No, grazie, non c'è bisogno / ti preoccupare / si preoccupi / vi preoccupate

● Ti aiuto?
○ No, grazie, ho già fatto.

● Se vuoi lavo io i piatti.
○ No, grazie, non ti preoccupare, ci penso io.

● Apparecchio?
○ Sì, grazie, così finiamo prima.

9

Il tuo compagno sta cambiando casa. Naturalmente ha mille piccoli problemi da risolvere, e... poco tempo! Offrigli di aiutarlo.

- Ha moltissimi libri da imballare.
- In cucina ci sono tutti i piatti e i bicchieri da mettere nelle scatole. Lui in 5 minuti ne ha già rotti diversi.
- Le cose delicate è meglio portarle in macchina e non con il camion dei traslochi. Ma la sua macchina non funziona.
- I bambini sono a scuola, bisogna andarli a prendere.
- Naturalmente, oggi a casa sua non si può cucinare. E' meglio andare a comprare dei panini.
- La nuova casa è tutta in disordine. La deve mettere a posto. Ma lui questa settimana ha molto lavoro in ufficio.
- Questa sera non possono dormire nella casa nuova. A casa tua non c'è posto per tutti. Il tuo amico deve trovare un albergo.

10 Ascolta i dialoghi. Che cosa fanno? Segnalo con una X.

	a.	b.	c.	d.	e.	f.	g.	h.
Chiede un oggetto								
Chiede all'altro di fare qualcosa								
Offre aiuto								
Chiede il permesso di fare qualcosa								
Offre qualcosa								
Offre di fare qualcosa								

11

a. Ascolta le parole.

Riesci a sentire la differenza tra il suono di **caro** e il suono di **carro**?

Quando dici /rr/ come in **carro** ti devi soffermare un attimo su questo suono, prima di passare a quello che segue.

Ascolta di nuovo le stesse parole e facci caso. Prova a scriverle e per ogni parola dì se si tratta del suono di **carro** o di quello di **caro**.

Riesci a pronunciare bene questi suoni? Leggi ad alta voce le parole che hai scritto.

b. Attenzione!
Questi suoni in italiano si pronunciano con la punta della lingua appoggiata sugli alveoli (cioè la parte anteriore della bocca, tra il palato e i denti) e non sul palato, né con la parte posteriore della lingua contro il velo del palato come in altre lingue come l'inglese o il francese.

Adesso ascolta di nuovo le stesse parole, ma pronunciate da parlanti di diverse lingue, e dì quali sono pronunciate bene in italiano e quali no.

c. Hai notato che quando il suono è all'inizio della parola è più simile al suono di **caro** che a quello di **carro**? In alcune lingue, come lo spagnolo, avviene il contrario. Se la tua lingua è tra queste, ascolta le parole e facci caso.

Ti piace la pizza?

1 Vuoi sapere qualcosa sulle abitudini alimentari degli italiani? Leggi questo testo.

Molti italiani a colazione non mangiano niente o quasi: a casa, prima di uscire, prendono solo un caffè, oppure un cappuccino e un cornetto al bar. Spesso, però, la visita al bar si ripete anche più di una volta durante la mattinata.

Il pranzo varia secondo le abitudini o le necessità personali: c'è chi può tornare a casa, chi va al ristorante e chi si limita ad uno spuntino al bar. Di solito, comunque, un tipico pranzo italiano è composto da un primo piatto a base di pasta, un secondo di carne o pesce, un contorno di verdura e, per finire, un caffè, a volte preceduto da frutta, gelato o da un dolce. Spesso il pranzo della domenica è più ricco, così come quello di alcune feste importanti come il Natale e la Pasqua.

La merenda, a metà pomeriggio, è un appuntamento fisso per i bambini, che prendono un panino, uno yogurt, o altro, ma ci sono anche adulti a cui piace bere una tazza di tè.

Anche la cena risponde alle abitudini personali: ovviamente, chi a pranzo mangia poco la sera avrà un certo appetito... La classica cena italiana è però più leggera del pranzo, e spesso è composta da una minestra, un secondo a base di verdura, uova o formaggio e, per chi vuole, la frutta. Senza dimenticare un buon bicchiere di vino!

la colazione

il pranzo

la merenda

la cena

E tu? Cosa mangi a colazione? E nel resto della giornata?
Parlane con i tuoi compagni.

- ● Io a colazione prendo sempre un toast e una spremuta.
- ○ Io invece bevo solo un caffè.
- ▲ Così poco?
- ○ Sì. Non mi va di mangiare, la mattina.
- △ A me invece piace mangiare molto: latte, caffè, succo di frutta, pane burro e marmellata, cereali, a volte anche un uovo...
- ● ...

2 In ogni famiglia ci sono cose che sono sempre presenti in cucina. Fai una lista delle cose che non mancano mai nella tua cucina, e confrontala con quelle dei tuoi compagni. Ci sono differenze tra le vostre abitudini alimentari?

3 Come preferisci queste cose? Parlane con i tuoi compagni.

Il caffè: con o senza zucchero?
Il tè: con o senza latte?
La pasta: con o senza parmigiano?
Il cioccolato caldo: con o senza panna?
La birra: con o senza schiuma?
La Coca-cola: con o senza ghiaccio?
I ristoranti: con o senza musica?
Le case: con o senza moquette?
La carne: con o senza pepe?
La pizza: con o senza pomodoro?

con	+	*articolo*
		il latte
		la panna

senza	+	Ø
		zucchero
		parmigiano

- ● A me il caffè piace senza zucchero, e a te?
- ○ Anche a me. E il tè, come lo preferisci? Con o senza latte?
- ● Con il latte.
- ○ Anch'io.
- ● ...

4

La pasta è il cibo più importante nell'alimentazione di molti italiani.
Per saperne di più, leggi questo testo.

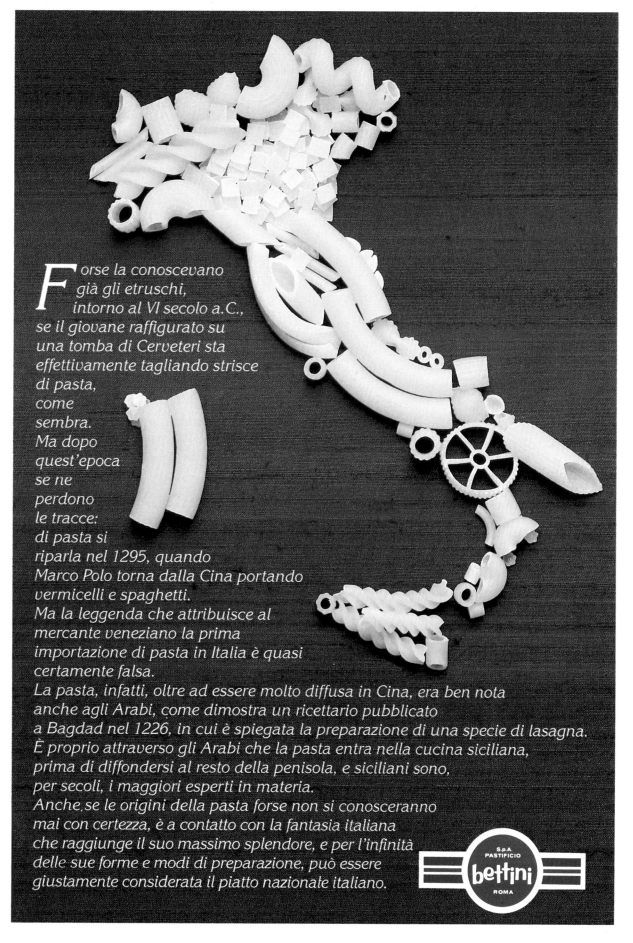

Forse la conoscevano già gli etruschi, intorno al VI secolo a.C., se il giovane raffigurato su una tomba di Cerveteri sta effettivamente tagliando strisce di pasta, come sembra. Ma dopo quest'epoca se ne perdono le tracce: di pasta si riparla nel 1295, quando Marco Polo torna dalla Cina portando vermicelli e spaghetti. Ma la leggenda che attribuisce al mercante veneziano la prima importazione di pasta in Italia è quasi certamente falsa.
La pasta, infatti, oltre ad essere molto diffusa in Cina, era ben nota anche agli Arabi, come dimostra un ricettario pubblicato a Bagdad nel 1226, in cui è spiegata la preparazione di una specie di lasagna.
È proprio attraverso gli Arabi che la pasta entra nella cucina siciliana, prima di diffondersi al resto della penisola, e siciliani sono, per secoli, i maggiori esperti in materia.
Anche se le origini della pasta forse non si conosceranno mai con certezza, è a contatto con la fantasia italiana che raggiunge il suo massimo splendore, e per l'infinità delle sue forme e modi di preparazione, può essere giustamente considerata il piatto nazionale italiano.

S.p.A.
PASTIFICIO
bettini
ROMA

Ed ecco due ricette semplici ma di sicuro successo.

SPAGHETTI AGLIO & OLIO

È bello mangiarli quando si ha fame di notte, dopo il cinema o alla fine di una festa tra amici. Per quattro persone servono: 300 gr. di spaghetti/ 3 spicchi d'aglio/ 1 pezzetto di peperoncino piccante/6 cucchiai di olio d'oliva.
Mentre la pasta cuoce nell'acqua salata, mettere a soffriggere nell'olio il peperoncino e l'aglio tagliato a pezzetti fin quando questo diventa dorato. Scolare la pasta al dente e condirla con l'aglio, l'olio e il peperoncino.

PASTA ALLA CARBONARA

Piatto informale e veloce, buonissimo sia se si utilizzano gli spaghetti che la pasta corta tipo rigatoni. Per quattro persone occorrono: 300 gr. di pasta/ 100 gr. di pancetta a pezzetti/ 2 uova/due manciate di pecorino grattugiato o tre di parmigiano/ 4 cucchiai di olio d'oliva.
Mentre la pasta cuoce nell'acqua salata, mettere la pancetta a soffriggere nell'olio e sbattere le uova in un piatto con una parte del formaggio. Scolare la pasta al dente, buttarla nella padella con l'olio caldo e la pancetta dorata e mescolare bene.
Sempre mescolando aggiungere subito l'uovo sbattuto e il formaggio avanzato. Mangiare ben calda!

5

Guarda gli aggettivi che puoi usare per parlare di cibi e bevande.

caldo	dolce	crudo	saporito	piccante
freddo	salato	cotto	insipido	fresco

Ora, con l'aiuto del tuo insegnante, dì quali aggettivi ti sembrano adatti per questi cibi e bevande.

6

Leggi questi menù e parlane con i tuoi compagni. Vediamo chi conosce più piatti italiani.
Se ci sono cose che nessuno conosce ma vi incuriosiscono, chiedetele al vostro insegnante.

● **(Che) cos'è** + *singolare* ?

la bruschetta
il fritto misto
...

● **(Che) cosa sono** + *plurale* ?

le vongole
i tortellini
...

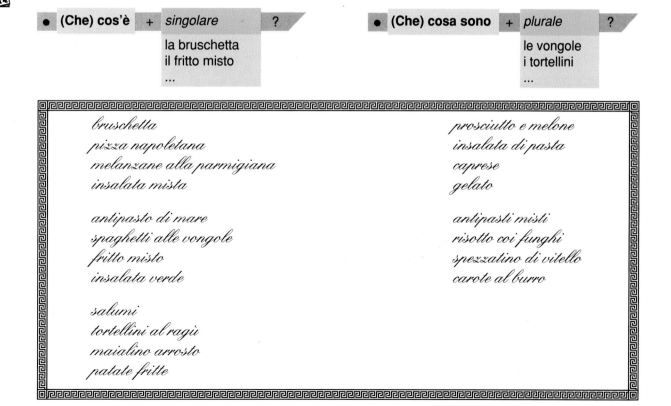

bruschetta
pizza napoletana
melanzane alla parmigiana
insalata mista

antipasto di mare
spaghetti alle vongole
fritto misto
insalata verde

salumi
tortellini al ragù
maialino arrosto
patate fritte

prosciutto e melone
insalata di pasta
caprese
gelato

antipasti misti
risotto coi funghi
spezzatino di vitello
carote al burro

7 Hai già imparato molte cose sull'alimentazione in Italia.
Con il libro chiuso, fai una lista di tutte le parole che conosci riguardo ai cibi. Classificale per gruppi: verdura, frutta, carne, ecc.; oppure: primi piatti, secondi piatti, bevande, ecc.
Vediamo chi ricorda più cose!

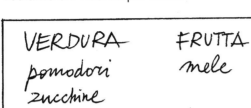

VERDURA   FRUTTA
pomodori   mele
zucchine

Se ci sono altri nomi di cose che ti piacciono o che vorresti sapere, chiedili al tuo insegnante.

8 Guarda questo.

Per parlare dei gusti

● Ti Le Vi	piace +	*singolare*	?
		la mozzarella	
		...	
		infinito	
		mangiare fuori	
		...	

● Ti Le Vi	piacciono +	*plurale*	?
		gli spaghetti	
		...	

○ Sì,	Ø abbastanza molto moltissimo

○ No,	Ø non molto per niente ...	+ *(giudizio negativo o spiegazione)*

Per dare un giudizio negativo

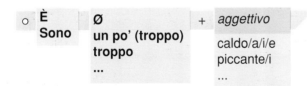

○ È Sono	Ø un po' (troppo) troppo ...	+ *aggettivo* caldo/a/i/e piccante/i ...

Hai notato che quasi tutti gli aggettivi che si usano per cibi e bevande possono essere positivi o negativi, secondo il punto di vista di chi parla?
Un po' e **troppo** servono per presentare questi aggettivi come negativi. Fanno eccezione gli aggettivi che si possono usare solo in senso positivo o negativo, come **buono** e **cattivo**.

9 Ascolta i dialoghi e completa il quadro.

			piace	non piace	perché?
a.	La pizza	a lui			
		a lei			
b.	Il latte	a lui			
		a lei			
c.	Il pepe-roncino	a lui			
		a lei			
d.	Il pollo	a lui			
		a lei			
e.	La bistecca poco cotta	a lui			
		a lei			

 E a te? E ai tuoi compagni? Chiediglielo.

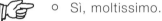
● Ti piace la pizza?
○ Sì, moltissimo.
…

 10 Ascolta il dialogo.

Per dare un giudizio

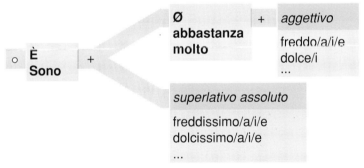

| Ø abbastanza molto | + | aggettivo |

○ È Sono +

freddo/a/i/e
dolce/i
…

superlativo assoluto

freddissimo/a/i/e
dolcissimo/a/i/e
…

Il superlativo assoluto

molto buono	buon**issimo**
saporita	saporit**issima**
freddi	fredd**issimi**
calde	cald**issime**

Quando ci chiedono di esprimere i nostri gusti su qualcosa di specifico, di solito aggiungiamo una spiegazione anche se rispondiamo affermativamente.

11

Sei insieme a un tuo compagno al ristorante. State mangiando queste cose. Come sono? Vi piacciono? Parlatene.

12

a. Ti ricordi che alcune consonanti fanno vibrare le corde vocali, e altre no?

Ascolta le parole e ripetile, facendo attenzione anche alla sillaba tonica.

b. In alcune lingue, come per esempio lo spagnolo, o, in alcuni casi, il greco, questi suoni che fanno vibrare le corde vocali sono spesso molto deboli, a volte appena percettibili. In questi casi pronunciandoli non si interrompe totalmente il flusso d'aria che esce dalla bocca. In italiano invece questi suoni sono sempre duri (occlusivi). Ogni volta che si pronuncia una /b/, una /g/ o una /d/, si interrompe per un momento il passaggio dell'aria, per poi riaprirlo bruscamente, dando la sensazione di una leggera esplosione.

Se la tua lingua in questo è simile allo spagnolo o al greco, ascolta alcune delle parole precedenti dette da un italiano e da uno straniero. Per ogni parola dì se è pronunciata bene.

c. Ora ascolta di nuovo le parole del punto **a.**, e ripetile.

Per me un'insalata mista

1 Ascolta queste persone al ristorante. Cosa ordinano?

OSTERIA
DELL' ANGELO

ROMA - VIA GIOVANNI BETTOLO, 24 - TEL. 38.92.18

Antipasto casareccio

Minestrone
Tonnarelli cacio e pepe
Gnocchi
Pasta e broccoli
Fettuccine pomodoro e basilico
Pasta e fagioli

Insalata
Patate arrosto
Verdure di stagione
Melanzane sott'olio

Acqua minerale
Vino bianco della casa
Vino rosso della casa
Birra Peroni

Involtini
Spezzatino
Coniglio alla cacciatora
Bollito misto
Bistecca ai ferri
Pollo arrosto

UNITÀ 17

2   Ti ricordi che nell'Unità 5 abbiamo visto come si richiama l'attenzione di uno sconosciuto?
Per richiamare l'attenzione di un cameriere usiamo le stesse espressioni.

● **Senta, scusi**, possiamo ordinare?
○ Vengo subito!

Anche al ristorante, quando ordiniamo, per sottolineare la differenza rispetto alle altre persone che
sono a tavola usiamo **per me**.

● I signori hanno scelto?
○ Sì. Per me risotto alla milanese.
● E il signore?
▲ Per me ravioli burro e salvia.

Hai notato che spesso i camerieri non danno del **voi**, ma del **loro**? Si tratta di un modo formale di
rivolgersi ai clienti, usato solo nei bar e nei ristoranti e, meno frequentemente, nei negozi.

Ora, insieme a 2 o 3 compagni, sei al ristorante "da Zio Tonino". Guardate il menù alle pagine 137-
138, e ordinate quello che volete mangiare. Per l'occasione il vostro insegnante fa il cameriere!

Ti ricordi il punto 6 dell'Unità 16? Se non conosci qualcosa, chiedi cos'è ai tuoi amici o al
cameriere.

● Cos'è il tartufo?   ● Scusi, cosa sono i ravioli?

Quando ti chiedono qualcosa che non conosci

● Non **lo** conosco   *maschile* ⎫
                                    ⎬ *singolare*
● Non **la** conosco   *femminile* ⎭

● Non **li** conosco   *maschile* ⎫
                                    ⎬ *plurale*
● Non **le** conosco   *femminile* ⎭

3 Ora vi mancano alcune cose. Ordinatele. Un vostro compagno o il vostro insegnante fa il cameriere.

Per chiedere qualcosa

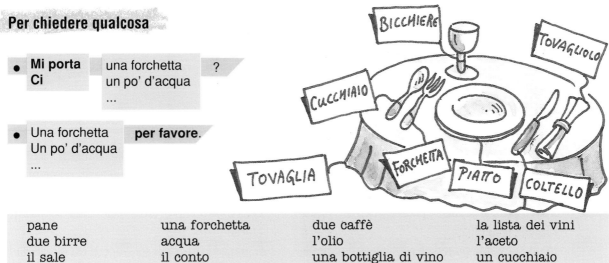

• **Mi porta**	una forchetta	?
Ci	un po' d'acqua	
	...	

• Una forchetta	**per favore**.
Un po' d'acqua	
...	

pane	una forchetta	due caffè	la lista dei vini
due birre	acqua	l'olio	l'aceto
il sale	il conto	una bottiglia di vino	un cucchiaio

• Senta, ci porta un po' di pane, per favore?
o Subito.

4

Ora volete un altro po' di alcune cose, o ve ne occorrono di nuovo altre. Ordinatele.
Un vostro compagno o il vostro insegnante fa da cameriere.

Per chiedere di nuovo una cosa che ci hanno già portato

● **Un altro**
Un'altra + *sostantivo numerabile singolare*

    bicchiere
    birra
    ...

● **Altri**
Altre + (numero) + *sostantivo numerabile plurale*

    due   bicchieri
    tre   birre
    ...   ...

● **Un altro po' di**
Altro
Altra + *sostantivo non numerabile*

    pane
    acqua
    ...

tre birre	un tovagliolo	due bicchieri	un coltello
un piatto	pane	acqua	un cucchiaio
vino	una forchetta	insalata	una bottiglia di vino

☞ ● Scusi, altre tre birre, per favore.

5

Vai spesso al ristorante? Gli italiani sì. Per saperne di più leggi questo testo.

Agli italiani piace molto mangiare bene, e la "buona cucina" è una delle passioni nazionali. Naturalmente esistono in Italia diversi tipi di locali in cui si può andare a mangiare. La trattoria è un tipo di ristorante semplice e non troppo caro: la scelta dei piatti è in genere limitata e l'ambiente familiare.

In un ristorante-pizzeria è possibile ordinare sia pizza (in genere solo la sera: nessun italiano mangia la pizza rotonda, "al piatto", a pranzo), sia i normali piatti del ristorante (antipasti, primi, secondi, ecc.).

Può capitare che non ci sia la carta del menù, e che il cameriere lo reciti.

Esistono poi ristoranti in cui si mangia soprattutto pesce (e sono in genere i più cari), ristoranti di cucina regionale italiana (toscani, abruzzesi, sardi, ecc.) e ristoranti di altre nazionalità, soprattutto cinesi.

A pranzo i ristoranti sono aperti tra mezzogiorno e le due e mezza; a cena, tra le sette e mezza e le dieci e mezza, anche se nelle città più grandi in genere è possibile mangiare anche più tardi.

6 Siamo ancora al ristorante "da Zio Tonino". Ascolta i dialoghi tra queste tre persone e il cameriere, e prepara il conto.

DA ZIO TONINO

Piatti del giorno

Petto di vitella alla fornara	L. 11.000	Fiorentina l'etto	3.600
Petto di pollo alla vignarola	L. 10.000	Saltimbocca alla romana	12.000
Cuscinetto al madera	L. 18.000	Scaloppina alla patigna	11.000
Involtini	L. 10.000	Scaloppina alla zingara	11.000
Fegato ai ferri	L. 11.000	Scaloppina al marsala	11.000
Fegato alla veneta	L. 11.000	Cotoletta alla Milanese	11.000
Filetto alla crema	L. 18.000	Cotoletta alla Bolognese	13.000
Lombata alla S. Daniele	L. 15.000	Straccetti in padella	12.000
Lombata di vitella ai ferri	L. 13.000	Bistecche ai ferri	12.000
Pailard	L. 12.000	Vitello Tonnato	13.000

Pizze

Alla Tesone	L. 10.000	Pizza con cipolla	L. 8.000
Alla Napoletana	L. 7.000	Pizza con cicoria	L. 8.000
Alla Margherita	L. 7.000	Pizza con carciofi	L. 9.000
Alla Marinara	L. 5.500	Calzoni ripieni	L. 8.500
Alla Capricciosa	L. 9.000	Crostino al salmone	L. 15.000
Al Gorgonzola e rughetta	L. 10.000	Crostino al prosciutto	L. 8.500
con rughetta	L. 9.000	Crostino alle alici	L. 8.500
con funghi	L. 8.000	Crostino alla Cardinale	L. 9.000

RISTORANTE

Specialità: Polenta con uccelli

Pane e coperto L. 2.500

Antipasti

Antipasto misto	L. 6.000	Prosciutto S. Daniele	L. 6.500
Arancini n° 1	L. 1.000	Salame	L. 6.000
Bruschetta	L. 1.000	Fiori di zucca l'uno	L. 1.500

Minestre

Zuppa di verdura	L. 5.000
Pastina in brodo	L. 4.000
Consommé	L. 3.000
Stracciatella	L. 5.000

Asciutte

Spaghetti alla carbonara	L. 8.000	Orecchiette a modo nostro	L. 8.000
Spaghetti alla caprese	L. 8.000	Penne alla Tesone	L. 8.000
Spaghetti alla puttanesca	L. 8.000	Penne all'arrabbiata	L. 7.000
Spaghetti al sugo	L. 8.000	Paglia e fieno alla Papalina	L. 8.000
Fettuccine ai funghi porcini	L. 10.000	Rigatoni al pomodoro fresco	L. 7.000
Fettuccine ai carciofi	L. 9.000	Bucatini alla Molisana	L. 8.000
Ravioli di ricotta	L. 8.000	Tortellini pasticciati	L. 10.000

Contorni

Rughetta	L. 6.000
Rughetta e parmigiano	L. 8.000
Insalata mista	L. 4.000
Verdura all'agro	L. 4.000
Patate arrosto	L. 4.000
Asparagi	L. 6.000

Formaggi

Scamorza ai ferri	L. 8.000
Provolone	L. 4.000
Parmigiano	L. 5.000
Bel Paese	L. 4.000
Caciotta	L. 4.000
Groviera	L. 4.000

Frutta

Frutta fresca di stagione	L. 2.500
Macedonia	L. 4.000
Macedonia con gelato	L. 5.000
Ananas	L. 4.000
Ananas al maraschino	L. 5.000
Kiwi	L. 2.500
Frutti di bosco	L.
Fragole	L.
Fragole con gelato	L.

Dessert

Gelati	L. 5.000
Affogati	L. 6.000
Torta della nonna	L. 5.000
Torta di mele	L. 5.000
Terrina Rustica	L. 5.000
Tiramisu	L. 5.000
Mille foglie	L. 5.000
Creme Caramel	L. 5.000
Sacher torta	L. 5.000
Cassata Siciliana	L. 5.000
Piccola Giara	

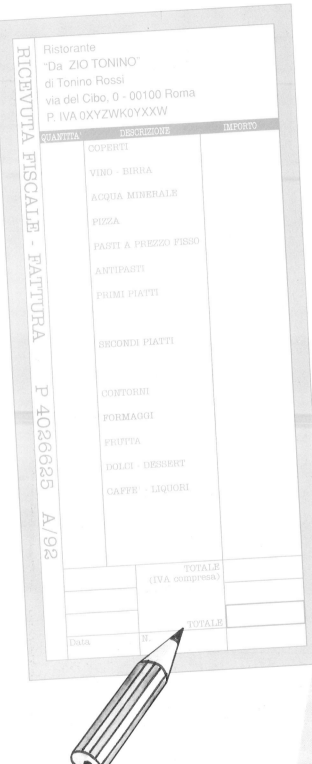

RICEVUTA FISCALE - FATTURA   P 4026625   A/92

Ristorante
"Da ZIO TONINO"
di Tonino Rossi
via del Cibo, 0 - 00100 Roma
P. IVA 0XYZWK0YXXW

QUANTITA'	DESCRIZIONE	IMPORTO
	COPERTI	
	VINO - BIRRA	
	ACQUA MINERALE	
	PIZZA	
	PASTI A PREZZO FISSO	
	ANTIPASTI	
	PRIMI PIATTI	
	SECONDI PIATTI	
	CONTORNI	
	FORMAGGI	
	FRUTTA	
	DOLCI - DESSERT	
	CAFFE' - LIQUORI	
	TOTALE (IVA compresa)	
		TOTALE
Data	N.	

Lista dei vini

Bianco di Frascati	L. 6.000
Rosso Toscano	L. 8.000

Rossi da 3/4

Brunello di Montalcino Colombini	L. 26.000
Chianti S. Cristina	L. 10.000
Corvo oli Salaparuta	L. 10.000
Valpolicella Bolla	L. 10.000
Chianti classico Conti Serristori	L. 14.000
Monte Pulciano D'Abruzzo Illuminati	L. 10.000
Fontana Fredda Barbera D'Alba	L. 14.000
Fontana Fredda Barolo	L. 14.000
Ravazzi Ennio Vino Toscano	L. 8.000
Gabernet di Pramaggiore S. Margherita	L. 11.000
Fontana Fredda	L. 11.000
Dolcetto delle Langhe	L. 11.000
Rivera Rosé Castel del Monte	L. 10.000
Mateus	L. 10.000
Lambrusco Chiarli di Sorbara	L. 10.000
Amarone Bolla	L. 14.000

Bianchi da 3/4

Fontana Candida Frascati S.	L. 10.000
Pinot Grigio Val D'Aolige S. Margherita	L. 10.000
Rapitala' Alcamo	L. 10.000
Galestro Antinori	L. 10.000
Regaleali del Conte Tosca D'Almerita	L. 10.000
Soave Bolla Classico	L. 10.000
Vermentino di Alghero Sella e Mosca	L. 10.000
Gavi Dei Gavi	L. 22.000
Fiano di Avellino	L. 15.000

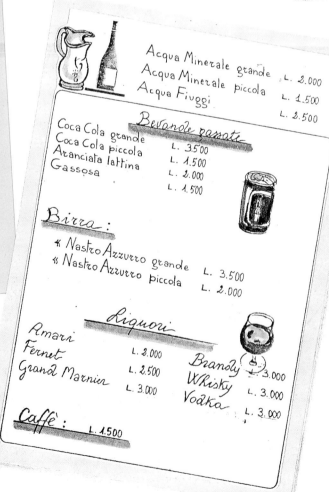

Acqua Minerale grande	L. 2.000
Acqua Minerale piccola	L. 1.500
Acqua Fiuggi	L. 2.500

Bevande gasate

Coca Cola grande	L. 3.500
Coca Cola piccola	L. 1.500
Aranciata lattina	L. 2.000
Gassosa	L. 1.500

Birra:

« Nastro Azzurro grande	L. 3.500
« Nastro Azzurro piccola	L. 2.000

Liquori

Amari	L. 2.000
Fernet	L. 2.500
Grand Marnier	L. 3.000
Brandy	L. 3.000
Whisky	L. 3.000
Vodka	L. 3.000

Caffè: L. 1.500

7 Leggi questo articolo sulle pizzerie a Roma, tratto dal settimanale "TrovaRoma".

Hai notato l'uso di **da** con i nomi di persona?
da Marco = **a casa di** Marco
da Baffetto = **alla pizzeria di** Baffetto
dal dentista = **allo studio del** dentista

Metti una sera a cena da "Baffetto"

L'esplosione delle pizzerie a Roma risale, molto probabilmente, agli anni '70: era il pasto più in voga tra chi aveva problemi di soldi. La pizzeria era ed è il luogo preferito per incontri tra amici per iniziare la serata o per concluderla dopo un cinema o un teatro.

La pizza a Roma ha delle precise caratteristiche: è sottile, dai bordi croccanti, quasi tutte sono con pomodoro e, preferibilmente, cotta nel forno a legna. La bevanda maggiormente gradita con questo pasto veloce è la birra, in continua espansione nel nostro mercato. Questo anche se i dietologi preferiscono e raccomandano un bicchiere di vino al posto di altre bevande. Un'altra caratteristica è l'omogenea distribuzione delle pizzerie: ce ne sono in tutti i quartieri, con una concentrazione maggiore, è naturale, nel centro città. Alcune sono considerate "storiche", come quella, ad esempio, di viale Trastevere al numero 53. E' la pizzeria Panattoni, conosciuta ai più come "l'obitorio" per via delle ceramiche alle pareti e dei tavolini di marmo; è una delle pizzerie più frequentate da gruppi di giovani e dalle famiglie. Un nome che si sente spesso è Ivo, sempre a Trastevere in via San Francesco a Ripa, 157, famosa un tempo per i prezzi abbordabilissimi. Un locale enorme a due passi da via del Corso, esattamente in largo dei Lombardi 7, è La capricciosa, dal nome della famosa pizza che qui ha visto i natali decenni or sono. Un'insegna che vede un costante successo è Baffetto, in via del Governo Vecchio, 114. Caratteristica di questa pizzeria è la fila, a qualsiasi ora, fuori dalla porta d'ingresso, le dimensioni della pizza davvero considerevoli e lo spessore, sottilissimo, della stessa.

8

a. In alcune lingue non esiste la differenza che c'è in italiano tra /r/ e /l/. Se la tua lingua è tra queste, ascolta le parole facendo attenzione alla differenza tra il gruppo **1** e il gruppo **2**.

1

ripetere	aeroporto	guardare	Roma
tre	indirizzo	sera	ricordare
signora	favore	martedì	dietro

2

televisione	caldo	telefono	dialogo
lingua	italiano	cliente	ospedale
lunedì	colazione	insalata	latte

Hai capito la differenza che esiste tra i due suoni? Per dire /l/ si appoggia la lingua sugli alveoli (la zona tra i denti anteriori e il palato) e si blocca parzialmente il passaggio dell'aria che esce solo dai lati della lingua. Quando diciamo /r/ invece, l'aria passa soprattutto tra la punta della lingua e gli alveoli, attraverso un canale strettissimo, provocando una vibrazione della lingua.

b. Ascolta di nuovo le stesse parole, questa volta mescolate, e prova a scriverle.

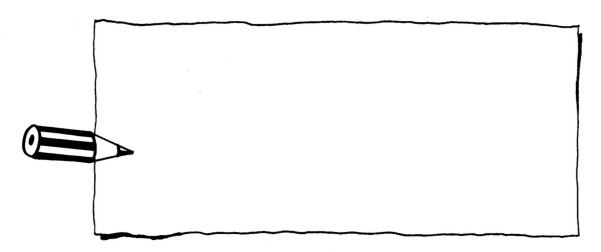

Ora leggi ad alta voce le parole che hai scritto.

Sai dov'è il telefono?

1   Ti ricordi l'Unità 7? Ecco altre espressioni che puoi usare per localizzare qualcosa nello spazio.

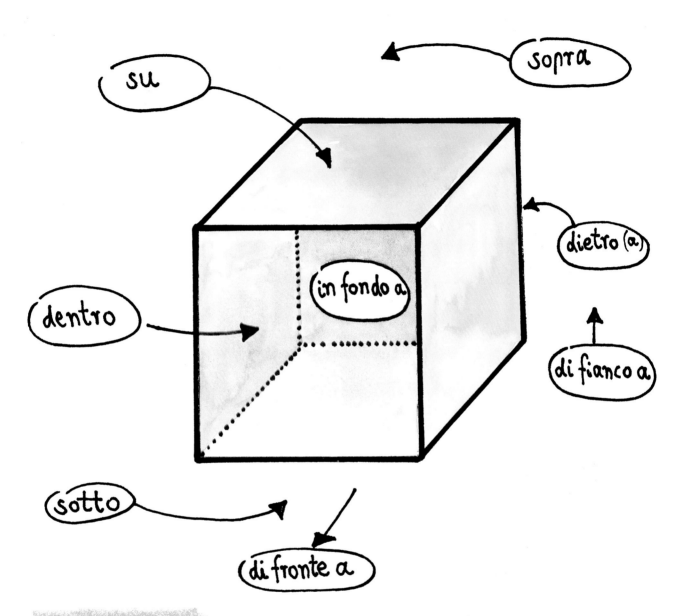

Preposizioni + articoli

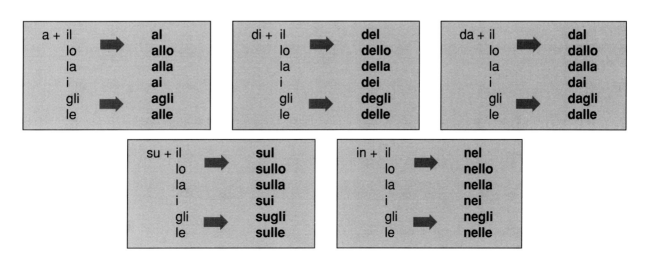

a + il		al
lo		allo
la		alla
i		ai
gli		agli
le		alle

di + il		del
lo		dello
la		della
i		dei
gli		degli
le		delle

da + il		dal
lo		dallo
la		dalla
i		dai
gli		dagli
le		dalle

su + il		sul
lo		sullo
la		sulla
i		sui
gli		sugli
le		sulle

in + il		nel
lo		nello
la		nella
i		nei
gli		negli
le		nelle

2 Dove sono queste cose nella vostra scuola o nella vostra classe? Parlane con i tuoi compagni.

FINESTRA   PORTA   LAVAGNA   TERMOSIFONE

BAGNO   QUADRI   LIBRERIA   TAVOLO

● Dov'è la porta della classe?
○ Ci sono due porte. Una a destra e una lì a sinistra.
● E la finestra?
○ Davanti alla porta di sinistra. E la lavagna, dov'è?
▲ Sulla parete di sinistra, tra la porta e la finestra.
● …

3 Leggi la descrizione di questo appartamento e completa la pianta con i nomi delle stanze. Se hai bisogno, fatti aiutare dal tuo insegnante.

ingresso	cucina	camera da letto	bagno
corridoio	studio	soggiorno	

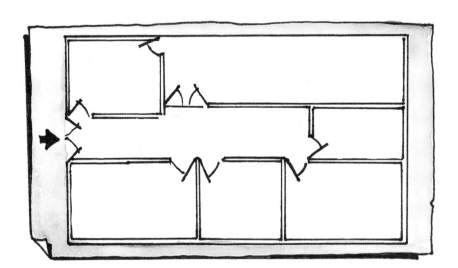

Io abito insieme a mio fratello, in un appartamento di via Cortina d'Ampezzo. La nostra casa è abbastanza grande: ci sono due camere da letto, un soggiorno, un piccolo ingresso e uno studio, un corridoio, un bagno e una cucina. Entrando, la cucina è a sinistra, accanto al soggiorno. Il soggiorno è la stanza più grande e luminosa, e ci si entra dal corridoio. Lo studio invece è di fronte alla cucina. E' la mia stanza preferita, perchè ci tengo tutti i miei libri e ci passo i momenti migliori della giornata. Di fianco allo studio c'è la camera da letto più piccola, quella di mio fratello. Il bagno è in fondo al corridoio, tra il soggiorno e camera mia. Io ho la camera più grande perchè non dormo mai fuori casa, mentre mio fratello è sempre in giro per lavoro...

4 E la tua casa com'è? Parlane con i tuoi compagni.

- Com'è casa tua?
- Abbastanza grande... Ha cinque camere da letto, un soggiorno, una cucina, uno studio e due balconi. E c'è anche il giardino.
- Quanti bagni ha?
- Due.
- È un appartamento?
- No, è una villetta. È vicino Roma, a Formello.
- ...

5 Ascolta varie volte la descrizione della casa e cerca di disegnarne la piantina.

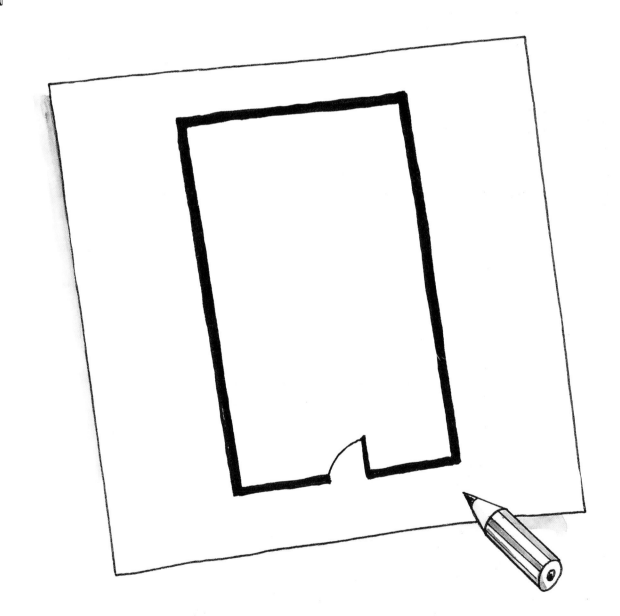

6

a. Insieme ai tuoi compagni e al tuo insegnante, arreda le stanze dell'appartamento dell'esercizio precedente con i mobili e gli oggetti della lista, scrivendone i nomi sulla piantina. Usate quelli che volete, e quanti ne volete.

1 una cucina	6 un frigorifero
2 un lavello	7 un lavandino
3 un forno a microonde	8 un water
4 una lavastoviglie	9 un bidè
5 una lavatrice	10 una vasca da bagno

b. Adesso lavorate a coppie. Continuate ad arredare l'appartamento con gli oggetti di queste altre due liste. In ogni coppia, uno sceglie la lista grigia, e l'altro la lista bianca.

1	un armadio	2	un quadro
3	una sedia	4	uno specchio
5	un orologio	6	un televisore
7	un vaso di fiori	8	un divano
9	una credenza	10	una libreria
11	un letto	12	un tavolo
13	un cassettone	14	un appendiabiti
15	una poltrona	16	una scrivania
17	un tappeto	18	una pianta
19	una lampada	20	un comodino

Ora, senza guardare il suo libro, chiedi al tuo compagno dove ha messo gli oggetti della sua lista, e riportali sul tuo disegno. Se tu hai già messo qualcosa nello stesso posto, mettetevi d'accordo su che cosa cambiare. Alla fine i vostri due disegni devono essere uguali.

- ● Tu dove hai messo il televisore?
- ○ Nello studio.
- ● Dove?
- ○ ...

- ● Dov'è la poltrona?
- ○ Nello studio, nell'angolo vicino alla finestra.
- ● Ah, ma io ci ho messo il cassettone in quell'angolo. Che facciamo?
- ○ Lasciamo il cassettone e spostiamo la poltrona.
- ● Dove la mettiamo?
- ○ ...

c. E per finire parlate tutti insieme di come sono gli appartamenti che avete arredato. Qual è la casa che ti piace di più? Perché?

7

Dove sono a casa tua queste cose? Dove tenete di solito questi oggetti? Parlane con un tuo compagno.

lo stereo
i cappotti
i tuoi libri
il telefono
le valige
la lavatrice
la tua poltrona preferita
le scarpe
gli ombrelli
la televisione
la tua scrivania
la lavastoviglie

Quando ci fanno una domanda su qualcosa che non abbiamo

- ● Non ce l' **ho**
  abbiamo

tenere
tengo
tieni
tiene
teniamo
tenete
tengono

- ● A casa tua dov'è la lavastoviglie?
- ○ Non ce l'abbiamo. E voi, la televisione dove la tenete?
- ● In camera da pranzo, su un tavolino. I tuoi libri dove sono?
- ○ In camera mia, nella libreria accanto alla scrivania, e alcuni in corridoio, nel mobile con il telefono.
  ...

8

Ascolta i dialoghi e rispondi.

a. Dov'è il telefono?
b. Dov'è l'apribottiglie?
c. Dove sono le sigarette?
   Dov'è lo studio?

d. Dov'è il bagno?
e. Dov'è la giacca?

9 Quante differenze vedi tra questi due disegni?
Parlane con i tuoi compagni. Vediamo chi ne scopre di più!

Ⓐ

Ⓑ

10 Ti ricordi delle doppie consonanti? Le abbiamo viste nell'Unità 6. In questa unità, e nelle tre che seguono, faremo un po' di esercizio. Tratteremo però ogni consonante e la sua doppia individualmente.

Cominciamo dal suono /s/. Ascolta le parole e dì quali contengono una doppia consonante.

Ascolta di nuovo le stesse parole e scrivile.

Ora leggi ad alta voce le parole che hai scritto.

Come si chiama quella cosa che si usa per lavarsi i denti?

1 Guarda le descrizioni di questi oggetti con l'aiuto del tuo insegnante. A che oggetto corrisponde ognuna?

1. Piccolo, leggero, pratico
2. Grande, sportiva, nuova
3. Corta, stretta, bella
4. Antica, pesante
5. Lunga, stretta
6. Vecchia, brutta
7. Elegante, moderno

2 Ora descrivi tu queste altre foto insieme ai tuoi compagni.

Per descrivere qualcosa

- È
  Sono + *caratteristica*

  grande/i
  piccolo/a/i/e
  largo/a/i/e
  ...

3 Guarda questo.

Per chiedere a qualcuno di descrivere qualcosa

● Com'è
  Come sono   ?

Di solito quando chiediamo a qualcuno di descrivere un oggetto sappiamo già di che oggetto si tratta perché ne stiamo parlando, e non ne ripetiamo il nome. Spesso introduciamo la domanda con **e**.

● Sai cosa mi ha regalato Anna per il mio compleanno?... Un impianto stereo.
○ Ma davvero!?! E com'è?
● È stupendo... Ha anche il compact...

Ai punti 1 e 2 di quest'unità hai già imparato a descrivere degli oggetti in modo semplice... Ma
quando descriviamo le cose, non ci limitiamo quasi mai a esprimere caratteristiche oggettive. Diamo quasi sempre un nostro giudizio personale. Ecco come.

Per descrivere un oggetto

Per presentare caratteristiche che ci sembrano positive, neutre o negative

○ Ø
  E'/Sono
  Mi sembra/sembrano
  Lo/La/Li/Le trovo   +

Ø
abbastanza
molto + *caratteristica*

bello / brutto
pratico / inutile
...

superlativo

bellissimo/a/i/
comodissimo/a/i/e
stupendo/a/i/e
...

Ti ricordi di **mi piace/mi piacciono**? **Mi sembra** funziona nello stesso modo.

| La camicia | *singolare* | ● **Mi sembra** bella. |
| I pantaloni | *plurale* | ● **Mi sembrano** belli. |

● Ieri siamo andati a pranzo da Walter e Costanza.
○ Ah... E com'è la casa?
● Bellissima... E' molto grande... E per essere al primo piano, mi sembra anche luminosa...

● Guarda questi quadri. Ti piacciono?
○ Sì , mi sembrano molto belli.

Per presentare caratteristiche che ci sembrano negative usiamo inoltre

| ● Ø E'/Sono Mi sembra/sembrano ... | + | un po' (+ troppo) troppo | + | *caratteristica* grande/i leggero/a/i/e ... | ? |

Ti ricordi dell'Unità 16? **Un po'** e **troppo** presentano qualsiasi caratteristica come negativa.

- ● Com'è?
- ○ E' un po' grande, e comunque, mi sembra troppo bello.
  Non gli voglio fare un regalo così bello.

A volte, per presentare in modo meno diretto una caratteristica negativa, usiamo queste espressioni:

| ● Non Ø è/sono mi sembra/sembrano ... | + molto + | *caratteristica considerata positiva* bello/a/i/e carino/a/i/e ... |

- ● Guarda che bel divano! E' proprio quello che ci vuole per noi.
- ○ Sì, ma non mi sembra molto comodo. E poi lo trovo un po' caro.

4 Ascolta i dialoghi. A quali fotografie si riferiscono?

5 Guarda questi oggetti insieme a un tuo compagno. Vi piacciono? Cosa ve ne pare? Parlatene.

6 Come ti piacciono o non ti piacciono queste cose?

le camicie	i pantaloni	i maglioni	le gonne
gli orologi	le valige	i quadri	le automobili
le moto	le scarpe	i mobili	le case

- ● A me piacciono le camicie a righe.
- ○ A me no, io preferisco quelle a tinta unita.
- ● E le scarpe, come ti piacciono?
- ○ Con i tacchi, nere, eleganti.
  ...

Altre caratteristiche degli oggetti

di	+	*materiale*
		stoffa
		lana
		cotone
		legno
		metallo
		oro
		vetro
		carta
		plastica
		...

a	+	righe
		quadri
		tinta unita
		pois

7 E ora guarda cosa puoi dire per parlare di libri e film.

Quando parliamo dei libri e dei film

libri
un romanzo
un racconto
...

un libro	poliziesco
un film	giallo
un romanzo	d'avventura
...	di fantascienza
	storico
	d'amore
	...

un libro	**(che parla) di** +	*argomento*
		storia
		filosofia
		poesia
		...

Come sono i libri e i film che preferisci? Parlane con i tuoi compagni.

- ● A me piacciono molto i gialli.
- ○ A me no. Preferisco i libri e i film d'avventura.
- ▲ A me, invece, piacciono i film psicologici.
- △ Io preferisco i libri e i film che parlano di storia.

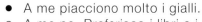

8

Li conosci? Di cosa parlano? Se non li conosci, come te li immagini? Parlane con un tuo compagno.

Per esprimere il nostro giudizio su libri o film

bello	lento	difficile
divertente	originale	banale
brutto	intelligente	poetico
interessante	noioso	stupido
romantico	commovente	...

Ora pensa ai libri e ai film che hai visto recentemente e parlane con i tuoi compagni.

- ● L'ultimo film che ho visto è *Nuovo Cinema Paradiso*.
- ○ Ah, e com'è?
- ● Molto bello.
- ○ L'ultimo film che ho visto io, invece, era noiosissimo.
- ● Come si intitola?
- ○ Non mi ricordo.
- ▲ Avete letto *Il nome della rosa*?
- ● No, di che parla?
- △ ...

9 Ascolta il dialogo.

Ora ascoltalo di nuovo e segna le informazioni esatte.

Anna e la sua amica sono andate insieme a fare spese ☐
Anna ha comprato una giacca marrone ☐
Anna aveva una gonna marrone ☐
Anna ha comprato una camicia rossa ☐
Anna ha comprato una camicia a righe ☐
Anna ha comprato un paio di scarpe basse ☐
Anna ha pagato le scarpe 25.000 lire ☐
L'amica di Anna vuole comprare un paio di scarpe con i tacchi ☐
L'amica di Anna ha visto un film bellissimo ☐

10 Guarda questo.

Per parlare della proprietà

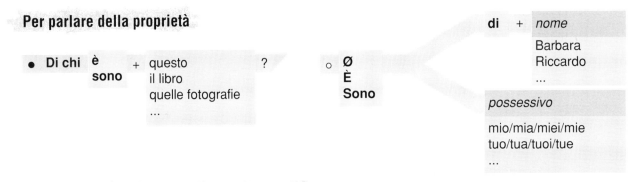

- **Di chi** è + questo ?   ○ Ø
       sono   il libro   È
                quelle fotografie   Sono
                ...

di + *nome*
Barbara
Riccardo
...

possessivo
mio/mia/miei/mie
tuo/tua/tuoi/tue
...

Per situare rispetto alle persone: i possessivi

| | singolare | | | plurale | |
	maschile	femminile		maschile	femminile
io	**mio**	**mia**		**miei**	**mie**
tu	**tuo**	**tua**		**tuoi**	**tue**
lui/lei	**suo**	**sua**		**suoi**	**sue**
noi	**nostro**	**nostra**		**nostri**	**nostre**
voi	**vostro**	**vostra**		**vostri**	**vostre**
loro	**loro**	**loro**		**loro**	**loro**

I possessivi concordano con l'oggetto che situano rispetto a una persona o cosa, e non con la persona o cosa rispetto alla quale lo situano.

il libro di Anna   **il suo** libro
il libro di Gianni   **il suo** libro
la casa di Anna   ➡ **la sua** casa
la casa di Gianni   **la sua** casa

Generalmente in italiano i possessivi sono preceduti dall'articolo. Fanno eccezione i sostantivi che indicano parentela al singolare.

mia madre   **i miei** genitori
mia sorella ➡ **le mie** sorelle
mio nonno   **i miei** nonni

11 Giochiamo? Osserva come sono vestiti i tuoi compagni e che oggetti hanno addosso. Poi dividete la classe in due gruppi e fate uscire dalla classe una persona per gruppo. Tutti quelli che rimangono mettono sul tavolo un loro oggetto o indumento (una penna, un maglione, un orologio, ...).
A questo punto fate rientrare quelli che erano usciti, e domandategli di chi sono gli oggetti sul tavolo. Vediamo chi ha più memoria. Poi ripetete il gioco facendo uscire altri compagni.

- ● Di chi è questo?
- ○ Mmm... di Maria.
- ● No, hai sbagliato.
- ○ Ah! E' di Peter!
- ● Bravo!

12 Un altro gioco. Pensa a un oggetto. I tuoi compagni ti fanno a turno domande di ogni genere per cercare di indovinare che cos'è.

- ● Dov'è di solito?
- ○ Generalmente in casa.
- ▲ Tu ce l'hai?
- ○ Sì .
- ▲ Dove lo tieni?
- ○ In camera mia, su un tavolo, davanti al letto.
- ▲ Com'è?
- ○ Abbastanza piccolo. A forma di cubo.
- △ Di che colore è?
- ○ Può essere di molti colori. Il mio è nero.

- ▲ Di che materiale è fatto?
- ○ Di plastica e vetro. E ha anche delle parti di metallo.
- ● A cosa serve?
- ○ Per guardare cose che sono lontano.
- ● Il binocolo!
- ○ No. Non è il binocolo.
- ● Quando lo usi?
- ○ Di solito la sera.
- ▲ E' il televisore?
- ○ Sì !

13   Continuiamo a fare esercizio con le doppie. In questa unità rivediamo i suoni /m/ e /n/.
Ascolta le parole dei due gruppi, e dì quali contengono una doppia consonante.

Ascolta di nuovo le stesse parole e scrivile.

Ora leggi ad alta voce le parole che hai scritto.

Vorrei quelle scarpe che sono in vetrina...

1

Ecco i regali che hanno ricevuto Giampaolo e Lorella a Natale. Fanne la lista.

una camicia bianca
una lampada antica

2

Leggi questo testo con l'aiuto del tuo insegnante.

Gli italiani e i regali.

In Italia il giorno del nostro compleanno riceviamo regali da amici e parenti, e allo stesso modo anche noi facciamo regali agli altri quando compiono gli anni. Molti festeggiano anche l'onomastico: nella maggior parte dei casi si usa fare gli auguri al festeggiato, ma se abbiamo un rapporto stretto con lui possiamo anche regalargli qualcosa.

Ci sono anche altri momenti in cui ci si scambia un regalo: il giorno dell'anniversario di matrimonio, e a Natale. I bambini ricevono regali anche il 6 gennaio, giorno dell'Epifania.

In tutte queste occasioni riceviamo e facciamo regali personali, o anche oggetti per la casa (specialmente i regali di matrimonio), oggetti d'arte, libri, dischi, e così via.

A volte ci limitiamo a offrire qualcosa che viene definito "un pensiero": se ad esempio siamo invitati a cena da conoscenti o amici usiamo portare un mazzo di fiori, una bottiglia di vino, una scatola di cioccolatini, delle paste, una torta o del gelato.

3

E i tuoi compagni che regali hanno ricevuto recentemente? Cerca di scoprirlo.

- ● Cosa ti hanno regalato per il tuo compleanno?
- ○ Un orologio d'oro, un maglione e dei dischi. E tu che regali hai ricevuto a Natale?
- ● Un quadro... dei pantaloni, una borsa...
- ○ E com'è?
- ● La borsa? Marrone, di pelle, abbastanza grande, piuttosto classica...
- ○ Poi? Che altro hai ricevuto?
- ● ...

4

Ti ricordi dell'Unità 9? Quando non sappiamo il nome di qualcosa usiamo spesso l'espressione **una cosa per** o **una cosa che serve per**. Vuoi fare ancora un po' di pratica di questa strategia utilissima? Cosa sono e a cosa servono questi oggetti? Spiegalo a un tuo compagno.

- ● Questa è una cosa che si usa per bere.
- ○ E questo?
- ● Questo secondo me serve per scrivere...

5 La signora Maria sta facendo la spesa in un negozio di alimentari. Ascolta il dialogo e segna con una X le cose che compra.

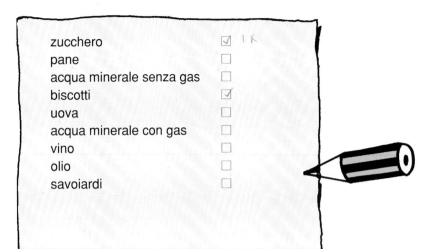

- zucchero ☑ I K
- pane ☐
- acqua minerale senza gas ☐
- biscotti ☑
- uova ☐
- acqua minerale con gas ☐
- vino ☐
- olio ☐
- savoiardi ☐

6 Un amico vi ha prestato una casa in montagna nella quale non va da più di tre anni. Tu e due tuoi compagni siete appena arrivati. Naturalmente non c'è niente da mangiare. Fate insieme una lista delle cose che dovete comprare.

pane
caffè
zucchero

Ora vai a comprare le cose che hai messo nella lista.
Un tuo compagno o il tuo insegnante fa da negoziante.

7 Ascolta i dialoghi e rispondi.

a.

b.

a.	Cosa compra?
b.	Cosa compra? Che taglia porta?
c.	Cosa vuole comprare? Quanto costa?
d.	Cosa vuole? Cosa compra? Quanto paga?

8 Ti ricordi dell'Unità 9? Ecco altre cose che puoi dire quando vai a fare acquisti.

Quando non ci piace quello che ci propongono

- **Non mi piace molto** + *caratteristica o elemento*

  il colore
  la forma
  la stoffa
  ...

- **Lo/la/li/le volevo** + *caratteristica diversa*

  verde/nero/...
  di lana/seta/...
  più grande/piccolo/...
  ...

Per i vestiti e le scarpe

- **Mi** **sta**
  stanno + stretto
  troppo lunga
  un po' larghe
  ...

Per chiedere un'altra cosa simile

● **Non ne** | **ha** | **uno/a** | + | *caratteristica diversa* | ?
| **avete** | **un altro/a** | |
| | **altri/e** | | di legno
| | | | meno caro/a/i/e
| | | | più grande/i
| | | | ...

Per uscire senza acquistare

● **Grazie,** → **ma non sono convinto.**
ma ci voglio pensare.
ripasserò in un altro momento.

ma ne volevo uno + *caratteristica diversa*
ma lo/la/li/le volevo
rosso/a/i/e
più leggero/a/i/e
...

Hai notato come funziona **ne**? Serve per non ripetere elementi già presenti nel contesto, quando ci riferiamo alla quantità.

☞ ● Buongiorno.
○ Buongiorno. Vorrei del prosciutto. È dolce quello?
● Certo.
○ Me ne dà due etti?

E ti ricordi di **mah**? Lo usiamo per esprimere dubbi o incertezza.

HA SCELTO?

MAH... NON SO...

9 Ascolta il dialogo una o due volte e segna con una X le informazioni esatte.

La signora compra 3 etti di insalata mista	☐
La signora compra un pomodoro rosso	☐
La signora compra mezzo chilo di pere	☐
La signora compra mezzo chilo di mandarini	☐
La signora chiede se i mandarini sono dolci	☐
La signora chiede il prezzo delle arance	☐
La signora paga con una banconota da 50.000 lire	☐
Il fruttivendolo aiuta la signora ad aprire la porta	☐

10

Ecco i nomi di alcuni indumenti e accessori. Cercate di abbinarli alle immagini. Se non ci riuscite, chiedete aiuto al vostro insegnante.

pantaloni	cappello	vestito	camicetta	ombrello
guanti	fazzoletto	mutande	reggiseno	cintura
borsetta	portafoglio	orecchini	anello	collana
portachiavi	cravatta	pigiama	calzini	gonna

Come siete vestiti tu e i tuoi compagni oggi? Parlatene.

● Andrea ha una camicia rossa a righe, dei pantaloni verdi a tinta unita, un maglione grigio e delle scarpe marroni.

○ E un fazzoletto. Ho anche un fazzoletto.

● ...

11 Devi fare un viaggio: cosa ti serve? Decidi dove vuoi andare, e poi prepara la lista delle cose che ti vuoi portare.

la macchina fotografica
l'ombrello

 Ora vai a comprare le cose che hai messo nella lista. Ricordati di usare anche le espressioni che abbiamo visto al punto 8. Un tuo compagno o il tuo insegnante fa da negoziante.
Poi scambiatevi le parti.

- ● Desidera?
- ○ Vorrei vedere un paio di pantaloni di velluto... pesanti.
- ● Sono per lei?
- ○ Sì .
- ● ...

12 Ascolta il dialogo e segna che scarpe prova il signore.

scarpe con i lacci n⁰ 42 ☐
scarpe con i lacci n⁰ 43 ☐
scarpe nere n⁰ 42 ☐
scarpe nere n⁰ 43 ☐
mocassini n⁰ 42 ☐
mocassini n⁰ 43 ☐
scarpe di pelle n⁰ 42 ☐
scarpe di pelle n⁰ 43 ☐
scarpe con il cinturino n⁰ 42 ☐
scarpe con il cinturino n⁰ 43 ☐

13 Continuiamo a fare esercizio con le doppie. In questa unità rivediamo i suoni /b/ e /p/. Ascolta le parole dei due gruppi, e dì quali contengono una doppia consonante.

 Ascolta di nuovo le stesse parole e scrivile.

 Ora leggi ad alta voce le parole che hai scritto.

Luca? Sembra simpatico

1 Ti ricordi che nell'Unità 19 abbiamo visto come si descrivono gli oggetti?
Adesso passiamo alla descrizione delle persone.

Anche per descrivere qualcuno usiamo:

- Ø
  E'/Sono
  Mi sembra/sembrano
  Lo/La/Li/Le trovo

  +

  Ø
  abbastanza
  molto
  un po'
  troppo

  + *aggettivo*

  basso/a/i/e
  biondo/a/i/e
  ...

  superlativo

  altissimo/a/i/e
  magrissimo/a/i/e
  ...

Inoltre, per dare altri dettagli, usiamo:

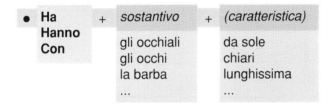

- **Ha**   +   *sostantivo*   +   *(caratteristica)*
  Hanno
  Con

  gli occhiali   da sole
  gli occhi   chiari
  la barba   lunghissima
  ...   ...

Guarda queste persone e leggine le descrizioni con l'aiuto del tuo insegnante.

alto
magro
biondo
ha la barba
ha i capelli
lunghi

alta
giovane
bruna
con i capelli corti
con gli occhi scuri

basso
grasso
calvo
ha i baffi
ha gli occhi chiari

magra
anziana
con gli occhiali
con i capelli bianchi

2

Ora descrivi tu queste persone insieme ai tuoi compagni.

3

C'è stata una rapina in banca. Ascolta le descrizioni del rapinatore fatte da quattro testimoni. Di quale dei tre sospettati si tratta? Perché?

4

Ascolta i dialoghi e sottolinea le caratteristiche delle persone descritte.

a.

- ● Pronto?
- ○ Giulia, ciao, sono Federica.
- ● Ciao! Come va? Pensavo di vederti ieri sera da Pierluigi. Come mai non sei venuta?
- ○ Mah, ero stanca... Allora, vi siete divertiti?
- ● Sì... abbastanza. Sai con chi è venuto Valerio?
- ○ No. Con chi?
- ● Con suo cugino Tommaso.
- ○ Quello che fa architettura?
- ● Sì.
- ○ E com'è?
- ● Bellissimo. È alto, biondo, elegante... Ha degli occhi stupendi.
- ○ E è simpatico?
- ● Sì... ma dev'essere un po' timido. Quando ride ha un'espressione un po' buffa. Valerio dice che è molto intelligente. Comunque è così carino...
- ○ E lo vedi ancora?
- ● Non lo so... Domani devo vedere se...

b.
- ● Pronto?
- ○ Tommaso?
- ● Ah, ciao Valerio. Come va?
- ○ Bene, grazie. E tu?
- ● Bene, bene.
- ○ Allora? Ti sei divertito alla festa di Pierluigi?
- ● Sì, molto. I tuoi amici sono molto simpatici. Ma... ti volevo dire... come si chiama quella ragazza bassa, coi capelli neri...
- ○ Quella con gli occhiali?
- ● No. Quella un po' grassa, che fa medicina...
- ○ Ah sì! Giulia. Perché?
- ● Mamma mia! Non si sopporta! È stata tutta la sera a parlarmi...

Quando descriviamo una persona, molto spesso esprimiamo anche un giudizio, una valutazione personale. Ascolta di nuovo i dialoghi, e trascrivi in una colonna le caratteristiche che ti sembrano **oggettive** e nell'altra quelle **soggettive**.

caratteristiche oggettive	*caratteristiche soggettive*
alto biondo	carino un po' timido

5   Per identificare una persona

- ● **Quello/a che**   +   *frase*

  abita vicino a casa nostra
  fa medicina
  abbiamo incontrato ieri
  ...

Per presentare in modo meno diretto una caratteristica negativa:

- ● Ø
  È/Sono
  Mi sembra/sembrano
  Lo/La/Li/Le trovo

  +   *forma diminutiva di un aggettivo che si riferisce ad una caratteristica negativa*

  bruttino/a/i/e
  grassottello/a/i/e
  ...

- ● Conosci Sara? Quella ragazza di Bologna, carina, non molto alta...
- ○ La sorella di quello un po' grassottello, simpatico, che è venuto al cinema con noi la settimana scorsa?
- ● Sai dove l'ho incontrata?
- ○ ...

6 Ora, con l'aiuto del tuo insegnante, descrivi questi personaggi.

BELLO/A   CARINO/A   SIMPATICO/A   INTERESSANTE   ELEGANTE   STUPIDO/A

VOLGARE   INTELLIGENTE   ANTIPATICO/A   TIMIDO/A

7 Giochiamo? Guarda queste persone, scegline una e descrivila scrivendo su un foglio le sue caratteristiche. Poi passa il foglio al compagno più vicino, che la deve riconoscere.

8 Giochiamo ancora. Descrivi uno dei tuoi compagni. Vediamo chi lo identifica per primo!

- E' alta, ha gli occhiali...
- o E' Greta!

- No. E' mora, ha sempre la sciarpa...
- o Susan!
- Sì !

9 Com'è il tuo partner ideale? Parlane con i tuoi compagni. E il tuo amico / collega / figlio / insegnante / uomo politico ideale? E i tuoi genitori ideali?

- La mia donna ideale è intelligente, dinamica, indipendente ...
- o E fisicamente?

- Beh... carina, magra... ma non è importante. E il tuo uomo ideale?
- o ...

10 Questi annunci sono tratti dal giornale romano di inserzioni "Porta Portese".
Leggili insieme a un tuo compagno e cercate di accoppiare le persone.

RAGAZZA 22enne carina vorrebbe incontrare carabiniere 23-26enne educato con la testa a posto possibilmente diplomato e senza baffi per amicizia e eventuale fidanzamento

PENSIONATO 60enne cerca compagna per matrimonio max 55enne non divorziata

SIGNORA vedova graziosa distinta pensionata buon carattere desidera conoscere gentiluomo pensionato statale per duratura amicizia

SE tu sei una brutta 35enne nubile io sono un brutto ma onesto 48enne scapolo rispondimi fiduciosa Francesco

DONNA 44enne cerca 50enne con cui instaurare un rapporto serio ricco d'affetto i perditempo saranno cestinati

SIGNORA 56enne simpatica giovanile cerca amico gentiluomo onesto eventualmente per matrimonio

RAGAZZO 27enne carino alto 1,81 moro occhi celesti sincero e un po' timido e solo conoscerebbe signorina carina e seria 19-26 anni per scopo fidanzamento e futuro matrimonio max serietà

RAGAZZA simpatica cerca ragazzo alto minimo cm.185 occhi scuri non magro 23-26enne diplomato bella presenza per serio rapporto d'amore

NON cerco avventure ma conoscere per amicizia eventuale fidanzamento una ragazza magra e carina 18-26enne, sono un 27enne carino alto moro occhi azzurri sincero solo serio

ATTRAENTE signorina indiana bella alta colta educata affettuosa cerca uomo max 50enne celibe bello benestante pari requisiti per matrimonio

PROFESSIONISTA benestante 51enne alto educato gentile bella presenza serio carattere dolce sensibile ai problemi conoscerebbe donna affettuosa per amicizia

RAGAZZA 24enne seria discreta dolce cerca ragazzo 24enne serio carino per scopo amicizia esclusi perditempo max. serietà

IMPIEGATO 30enne serio alto m.1.87 sensibile cerca brava ragazza carina nubile priva amicizie adeguate intenzionata matrimonio

Divorziata polacca 35enne carina con figlio 14enne simpatico conoscerebbe signore buon livello

SE sei una bella e simpatica ragazza in cerca di un amico puoi scrivermi sono uno stupendo 25enne

CELIBE alto snello bruno distinto serio gentile conoscerebbe snella libera attraente max 47enne

- E questo con chi lo mettiamo?
- Con questa ragazza. Guarda: hanno la stessa età e gli stessi interessi.
- E la signora di mezza età, con chi può andar bene?
- Secondo me per lei va bene il pensionato di 60 anni...

Per sottolineare il carattere personale di un giudizio o di un'affermazione: **secondo me**.

11 Insieme a un tuo compagno, aiuta questa ragazza a mettere sul David di Michelangelo i cartellini con i nomi delle parti del corpo.

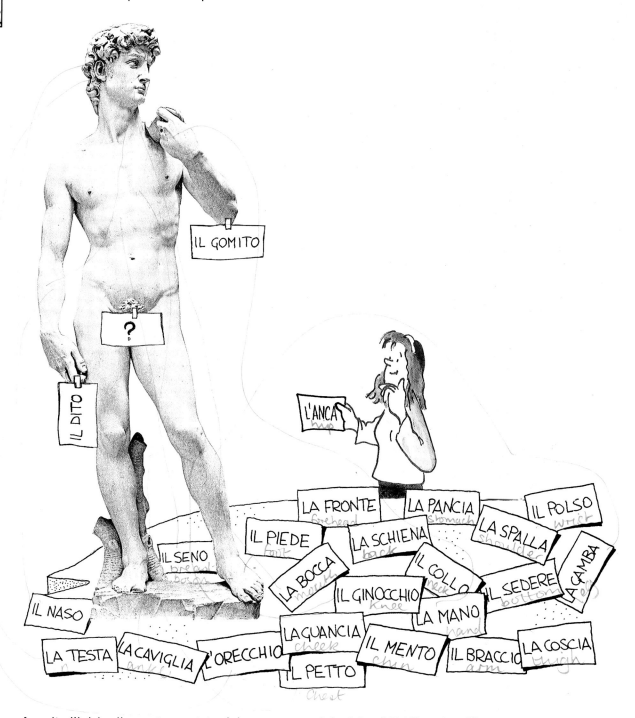

12 Ascolta l'inizio di questa puntata del programma televisivo "Chi l'ha visto?" e segna con una X le informazioni vere.

Cristina ha i capelli corti e neri ☐
   è alta un metro e sessanta ☐
   indossa un giubbotto nero ☐
   porta uno zainetto bianco e nero ☐
   è una ragazza introversa ☐
   è molto timida ☐
   è una ragazza simpatica ☐
La foto di Cristina è recente ☐
Il suo segno di riconoscimento è un neo scuro ☐

13 In Italia ogni città ha la sua maschera caratteristica. Eccone alcune. Puoi scoprire il loro nome leggendone le descrizioni?

PULCINELLA
E' la maschera napoletana più famosa, nata verso la fine del XVI secolo. Pigro, chiacchierone ed estroverso, Pulcinella rappresenta il tipo del servo simpatico, opportunista e sempre affamato. Il suo costume bianco, composto da un camicione, un paio di pantaloni larghi e un cappello, rappresenta l'abito classico dei contadini poveri.

PANTALONE
E' il vecchio veneziano ricco, saggio, prudente e avaro delle commedie di Carlo Goldoni, già famoso fin dal XVI secolo con il nome di "Magnifico". Pantalone, una delle maschere più importanti della Commedia dell'Arte, si innamora spesso di donne molto più giovani, con risultati prevedibilmente comici. In genere indossa gli abiti scuri che convengono alla sua età e posizione sociale.

COLOMBINA
Graziosa, vivace, furba e chiacchierona, Colombina è la tipica servetta bugiarda che usa le bugie a fin di bene, per aiutare la giovane padrona a cui è sempre fedele. Mezzana abilissima, di volta in volta si innamora appassionatamente di un Arlecchino o di un Pulcinella, con cui finisce regolarmente per sposarsi alla fine della commedia.

DOTTOR BALANZONE
Rappresenta il tipico avvocato grasso, noioso e ignorante. Con la sua parlata, un misto di dialetto bolognese e latino maccheronico, prendeva in giro i sapienti dell'Università di Bologna. Il suo nome deriva forse da "balanza", la bilancia della giustizia, o da "balla", bugia. Con Pantalone è una delle principali maschere della commedia dell'Arte.

ARLECCHINO
E' la più popolare e simpatica delle maschere italiane. Furbo, bugiardo e simpaticissimo, con la sua tipica parlata veneta, Arlecchino indossa un vestito formato da triangoli di stoffa colorata cuciti insieme. Sempre protagonista di comicissime avventure, è anche uno dei più applauditi interpreti del teatro dei burattini.

14 Giochiamo? Pensa a un personaggio famoso. I tuoi compagni ti fanno delle domande per indovinare chi è, ma tu puoi rispondere soltanto **sì** o **no**.

15 Guarda questo.

Per fare paragoni

Superiorità | **più** + *sostantivo, aggettivo o avverbio*

Inferiorità | **meno** + *sostantivo, aggettivo o avverbio*

Quando vogliamo riferirci esplicitamente al secondo termine, lo introduciamo con la preposizione **di.**

- ● Ma Marzia è più grande di Francesco?
- ○ No, Marzia è più piccola.

16 Che differenze vedi tra queste vignette? Parlane con un tuo compagno.

- ● Nella prima vignetta la ragazza ha i capelli più corti.
- ○ Nella seconda il ragazzo è più grasso.

17 Continuiamo a fare esercizio con le doppie. In questa unità rivediamo i suoni /d/ e /t/.
Ascolta le parole dei due gruppi, e dì quali contengono una doppia consonante.

Ascolta di nuovo le stesse parole e scrivile.

Ora leggi ad alta voce le parole che hai scritto.

Non sapevi che stavano insieme?

1 Leggi questo testo.

Ancora adesso se ci ripensa non gli sembra vero. Gli sembra un sogno, e non riesce a crederci. E' successo proprio a lui?

Camminava lungo il viale senza fretta e senza meta, guardando la gente che passava con vestiti colorati e chiari, le borse della spesa piene di buone cose appetitose. Anche le case erano più allegre del solito, più alte, e i fiori alle finestre di un rosso più intenso, gli sembrava. E il cielo? In cielo non c'era una nuvola, il sole splendeva dietro gli alberi e sulle finestre spalancate.

Lui si sentiva così : appena nato, leggero, innocente. Più che camminare, volava, e il cuore gli batteva forte.

L'ha vista all'improvviso, la strana creatura. Descrivere la sua testa, il suo corpo, è difficile: forse neppure si può parlare di una vera testa, di un vero corpo. Del resto nessun'altro l'ha vista, a parte lui: lui solo ha respirato l'odore di bosco e di mare che l'accompagnava, solo lui ha colto lo sguardo carico di infinita nostalgia dei suoi occhi vuoti. Che cosa vi ha letto? Di che cosa si è ricordato? Che cosa ha capito?

Adesso se ci ripensa non gli sembra vero, non riesce a crederci. E' successo proprio a lui?

A questo ripensa, e se ne sta seduto davanti alla porta di casa, sorride ai passanti e a tutti racconta la stessa storia.

Hai notato che compare un nuovo tempo verbale? Rileggi il testo e scrivi in tre colonne le forme verbali che si riferiscono al **presente**, quelle che si riferiscono al **passato** che già conosci e quelle del **nuovo tempo**.

presente	passato che già conosci	nuovo tempo
ripensa	è successo	camminava

2 Copri il testo, ascolta il dialogo e segna con una X le informazioni esatte.

- Lo sai che si è sposato Maurizio?
- Davvero? E con chi?
- Con Mariella.
- Mariella Guerini?
- Sì. Non sapevi che stavano insieme?
- Sì, però non pensavo a un matrimonio...
- Ma se già vivevano insieme da più di un anno!
- Non mi dire! E tu sei andata al matrimonio?
- Sì, certo. Sai, io qualche anno fa ero molto amica di Maurizio. Uscivamo sempre con gli stessi amici.
- E com'erano gli sposi?
- Lui era emozionato. Era proprio buffo, portava un vestito elegante però sembrava un bambino, aveva gli occhi pieni di lacrime!
- E la sposa era bella?
- Beh, sì. Mariella è carina. Portava i capelli tirati su, un vestito molto bello, classico. Le stava proprio bene!

Maurizio ha sposato Mariella Guerini	☐
Maurizio e Mariella vivevano insieme prima di sposarsi	☐
Maurizio e Mariella non volevano sposarsi	☐
Maurizio era molto elegante	☐
Maurizio aveva un vestito classico	☐
Maurizio piangeva perché era contento	☐
Sono andate tutte e due al matrimonio	☐

Ora ascolta di nuovo il dialogo leggendo il testo.
Se c'è qualcosa che non capisci, chiedilo al tuo insegnante.

3 Ed ecco il nuovo tempo verbale di cui stiamo parlando.

Per raccontare fatti passati non come fatti in sé, ma come caratteristiche di una situazione che vogliamo descrivere:

l'imperfetto

abit**are**	av**ere**	dorm**ire**	**essere**	**fare**
abit**avo**	av**evo**	dorm**ivo**	**ero**	**facevo**
abit**avi**	av**evi**	dorm**ivi**	**eri**	**facevi**
abit**ava**	av**eva**	dorm**iva**	**era**	**faceva**
abit**avamo**	av**evamo**	dorm**ivamo**	**eravamo**	**facevamo**
abit**avate**	av**evate**	dorm**ivate**	**eravate**	**facevate**
abit**avano**	av**evano**	dorm**ivano**	**erano**	**facevano**

4 Leggi questo testo in cui si descrive una situazione passata.

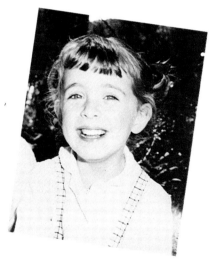

Quando Tina era piccola andava tutte le estati a casa della nonna, in campagna, e ci rimaneva di solito uno o due mesi. Insieme a lei c'erano i cugini Pippo e Lucio, che abitavano come lei in città, e Mino, Rita e Rocco, che Tina durante l'anno non vedeva mai perché abitavano in una città lontana, in Francia. La casa della nonna era una bellissima casa antica, con quindici stanze e una torre. Ma a Tina piaceva soprattutto il giardino, che aveva al centro un laghetto pieno di pesci. Quelle giornate d'estate erano così lunghe che sembravano infinite. Tina cominciava a giocare appena alzata, quando si lavava, e con Rita e Lucio si tiravano l'acqua in testa. I giochi continuavano durante la colazione, e la nonna non sapeva come fare per tenerli tranquilli. Avevano sempre fame. Erano giornate di giochi e di scherzi: Tina e i cugini andavano in bicicletta, pescavano, correvano, salivano sugli alberi, si nascondevano. Di pomeriggio, quando faceva più caldo, la nonna cercava inutilmente di farli dormire. Solo Mino, il più piccolo, si addormentava; Rocco giocava con i gatti, Rita e Tina si sedevano sotto un albero e si raccontavano favole, Pippo leggeva. In quei giorni Tina era sempre felice, si dimenticava la scuola, i genitori e la città grigia dove viveva tutto l'anno. Solo a volte, la sera, quando era molto stanca, si ricordava di Marta, la sua amica, e pensava: "Domani le scrivo una cartolina". Ma il giorno dopo non si ricordava più né di Marta, né della cartolina: la sua testa era piena di sole, di alberi, di gatti, di favole e cugini. Aveva sei, sette, otto anni, Tina, ed era estate.

"Quando Tina era piccola andava tutte le estati a casa della nonna..." Come passava le giornate?

Appena alzata
A colazione

5 E tu, com'eri da piccolo? Com'era la tua vita? Dove abitavi?
E ora? Sono cambiate molte cose? Parlane con un tuo compagno.

- Quando avevo otto anni ero un bambino abbastanza tranquillo. Giocavo sempre per la strada con i miei amici. Per il mio compleanno mia madre mi organizzava sempre delle grandi feste. Ora non festeggio mai il mio compleanno. Sono sempre preoccupato...
- Avevi molti amici?
- ...

6 Ascolta come ha passato le vacanze Laura e rispondi.

Dove è stata Laura in vacanza?
Con quanti amici è partita?
A che ora si alzava?
Come passava la giornata?
Si annoiava?

ci = lì , in quel posto

7

Guarda com'era prima Roma e com'è adesso, e parlane con un tuo compagno.
Cercate di immaginare anche i cambiamenti nella vita della gente.

IPPOLITO CAFFI, 1809 -1906 • Roma - Piazza del Popolo
(Venezia - Museo d'Arte Moderna - Cà Pesaro).

Quando descriviamo una situazione (del presente o del passato), per introdurre gli elementi presenti in essa usiamo:

C'è C'era	+ *singolare*	Ci sono C'erano	+ *plurale*
	un telefono il dottore una festa ...		delle macchine i nostri amici Enrico e Federica ...

• Prima la gente la sera chiacchierava o leggeva. Ora guarda la televisione. Prima c'era una chiesa. Ora invece c'è un palazzo moderno...

Ricordati che per sottolineare un contrasto usiamo **invece**.

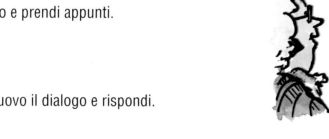

8

Ascolta il dialogo e prendi appunti.

Ora ascolta di nuovo il dialogo e rispondi.

Il signor Spagnoli:	vero	falso	non si sa
- ha lavorato per due anni in una casa editrice	☐	☐	☐
- prima si occupava di pubblicità	☐	☐	☐
- si è licenziato perché il lavoro non gli interessava	☐	☐	☐
- parla bene l'inglese perché lo ha studiato a scuola	☐	☐	☐
- è stato spesso in Inghilterra	☐	☐	☐
- è stato spesso in altri paesi europei	☐	☐	☐
- ha un figlio maschio	☐	☐	☐

Puoi raccontare tutto quello che sai sulla vita del signor Spagnoli?

9 Ascolta "Bambino io, bambino tu" di Zucchero.

*L*ui stava lì seduto nel giardino
ed era quasi nudo e piccolino
da dove era venuto non lo so
era normale che lui fosse lì
aveva un occhio nero e un occhio blu
bambino mio bambino oh.
Sembrava primavera ed era inverno
e c'erano dei fiori tutto intorno
doveva essere buio e c'era luce
e tutto quello che mi piace
aveva un occhio nero e un occhio blu
bambino mio bambino oh.

Mi sono seduto in terra lì vicino
ed era lui mio padre e lui mio figlio
ho parlato di cose che non so
di cose che non ho saputo mai
aveva un occhio nero e un occhio blu
bambino mio bambino oh
(e ninna oh e ninna ah)
Poi mi è venuto sonno lì in giardino
cantava e la sua voce era sottile
mi sono svegliato e lui non c'era più
c'era un fiore di carta al posto suo
io avevo un occhio nero e un occhio blu
bambino mio bambino oh
Mi sono svegliato e lui non c'era più
io avevo un occhio nero e un occhio blu
bambino io bambino tu
bambino io bambino tu
(e ninna oh e ninna ah)
...

10

a. Ascolta le parole.

Hai notato che **s** seguita da un'altra consonante non si pronuncia sempre allo stesso modo? In alcuni casi si pronuncia [z] (sonora, cioè con una vibrazione delle corde vocali), e in altri [s] (sorda, cioè senza vibrazione).

Ascolta di nuovo le stesse parole e facci caso.

Sei riuscito a capire quando si pronuncia [z] e quando [s]?
Quando il suono che segue è sonoro (cioè con vibrazione delle corde vocali, come /b/, /d/, ecc.), **s** si pronuncia [z]. Quando il suono che segue è sordo (cioè senza vibrazione, come /k/, /p/, ecc.), si pronuncia [s].

Ascolta di nuovo le stesse parole e scrivile.

Ora leggi ad alta voce le parole che hai scritto, facendo attenzione a come si pronuncia **s**.

b. In alcune lingue, quando la **s** è seguita da un'altra consonante è sempre preceduta da una vocale. Se la tua lingua è tra queste, quando parli italiano fai attenzione a non aggiungere una vocale dove non c'è.
In altre lingue, invece, la **s** seguita da un'altra consonante si pronuncia in modo diverso dall'italiano.

Ascolta ancora una volta le parole del punto a. Ma attenzione! Questa volta alcune sono pronunciate male, da persone che non parlano bene l'italiano. Riesci a riconoscerle?

Quando sono salita non c'erano molte persone

1 Facciamo il punto sul passato. Nell'Unità 12 abbiamo visto che **per raccontare un fatto in sé** usiamo il **passato prossimo**, e nella 22 che **per descrivere una situazione passata** usiamo **l'imperfetto**. Ti ricordi? In questa unità ci eserciteremo ad usare insieme questi due tempi.

Leggi questa lettera.

> Roma, 27 aprile
>
> Cara Sandra, come stai?
> Prima di tutto, grazie della cartolina da Mosca. Vi siete divertiti?
> Quanto è durato il viaggio? Raccontami tutto!
> Io a Pasqua sono stata una settimana da Anna. La nuova casa è veramente bella, sai, una tipica casa di campagna toscana, grande.
> C'erano anche Fabio (sapevi che lui e Anna si sono messi insieme, vero?) e, purtroppo, Puccio. Il giovedì santo è arrivata Chiara con due suoi amici tedeschi, di Monaco. Questi tedeschi erano tipi simpatici e cordiali, e parlavano bene italiano. Uno era alto più di due metri, barba e capelli rossi, fa il cantante lirico e dipinge. L'altro, Detlev, è un fisico nucleare di ventisei anni, appassionato di danze spagnole. Ci siamo divertiti, il cantante la sera cantava dei lieder bellissimi, Detlev ha ballato e ci ha insegnato i passi delle sevillanas. Il tempo è stato sempre bello. Un giorno siamo andati alle Terme di Saturnia, abbiamo fatto il bagno e preso il sole, sembrava estate e gli alberi intorno erano tutti fioriti. Anna e Fabio sono stati quasi sempre chiusi in camera e Puccio, come puoi immaginare, non si dava pace e ci ha tormentato tutto il tempo.
> Una sera mi ha telefonato Federico, era a Firenze e voleva venirmi a trovare. Ci ho parlato lo stesso anche se non mi andava per niente. Che altro dire? I tedeschi ci hanno invitato ad andarli a trovare quest'estate. Sarebbe bello andare tutti insieme, no?
> Un bacione a tutti, e rispondi presto.
>
> Silvia

Rileggila. Se ci sono parole che ti sembrano importanti e che non capisci, chiedine il significato al tuo insegnante.

Ora leggila ancora una volta e trascrivi le frasi che descrivono una situazione e quelle che raccontano un fatto in sé. Tralascia i verbi al presente.

situazioni passate	*fatti in sé*
c'erano Fabio e Puccio	sono stata una settimana da Anna

2 Guarda questo.

Per parlare delle sensazioni fisiche ed emotive

Avere	+	sensazione (sostantivo)
Ho **Abbiamo** **Avevo** ...		freddo caldo fame sete sonno paura ...

Essere	+	stato (aggettivo)
Sono **Siamo** **Ero** ...		stanco/a/i/e preoccupato/a/i/e contento/a/i/e triste/i annoiato/a/i/e ...

 Cos'hanno o come si sentono questi personaggi? Parlane con un tuo compagno.

3 Leggi questo testo. Se c'è qualcosa che non capisci, chiedilo al tuo insegnante.

Domenica mattina sono andata da Guido, a Castelgandolfo. L'ho trovato in terrazza, leggeva il giornale. Quando mi ha vista non ha sorriso e non si è alzato, ma ha detto "Che sorpresa", e si è guardato intorno preoccupato. Non sembrava contento di vedermi. Mi sono seduta e mi ha offerto del vino. Si stava benissimo in terrazza, e gli occhi di mio cugino erano azzurri come l'acqua del lago che si vedeva dietro gli alberi del giardino. Ogni tanto si sentiva suonare la campana della chiesa vicina.

Dopo qualche bicchiere di vino mi sentivo allegra, ma non dimenticavo il motivo della mia visita, anche perché Guido sembrava nervoso, distratto. Ad un certo punto ho tirato fuori dalla borsa la foto e la lettera e senza parlare le ho messe sul tavolino, davanti a lui. Guido è rimasto in silenzio qualche minuto. Poi si è acceso una sigaretta e ho visto che gli tremavano le mani. Ha detto a voce bassissima: "Chi è Theo? Non lo conosco". Gli ho indicato un ragazzo al centro del gruppo nella foto. Ha ripetuto: "Chi è? Non l'ho mai visto".

Ora rileggilo e trascrivi le frasi che descrivono una situazione passata, e quelle che riferiscono un fatto in sé. Tralascia i verbi al presente.

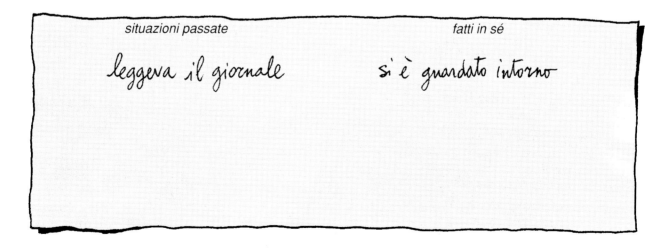

situazioni passate — *leggeva il giornale*

fatti in sé — *si è guardato intorno*

UNITÀ 23

4 Racconta quello che è successo a queste persone.

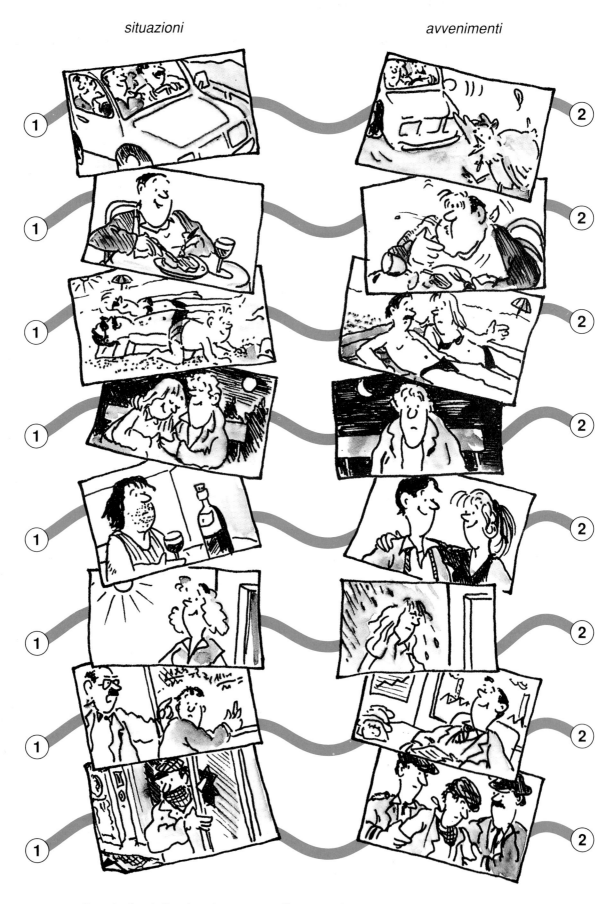

situazioni   *avvenimenti*

 • Questa famiglia viaggiava tranquillamente in macchina. Andavano in vacanza. A un certo punto una gallina ha attraversato improvvisamente la strada e...

5 A volte, quando raccontiamo qualcosa, aggiungiamo che è successo da poco, o che ce l'aspettavamo, che era previsto. Guarda come.

> Per riferirci a qualcosa che è successo immediatamente prima del momento in cui parliamo o del quale parliamo, usiamo **appena**.

- ● Che hai? Sembri arrabbiato.
- ○ Ho **appena** avuto una discussione in ufficio.

> Per riferirci a qualcosa che era previsto e che è successo prima del momento in cui parliamo o del quale parliamo, usiamo **già**.

- ● E Francesco, dov'è?
- ○ E' andato a casa.
- ● E' **già** andato via?! Ma se mi aveva detto che rimaneva qui fino alle sei!

> Per riferirci a qualcosa che è previsto e che non è successo prima del momento in cui parliamo o del quale parliamo, usiamo **non... ancora**.

- ● Posso parlare con il direttore?
- ○ Mi dispiace, **non** è **ancora** arrivato.

> Per riferirci a un'azione precedente o a una situazione preesistente, che si ripete o dura nel momento in cui parliamo o del quale parliamo, usiamo **ancora** o **sempre**.

- ● Nel 1980 eri già venuto a Roma?
- ○ No, abitavo **sempre** a Parigi.

- ● Pronto?
- ○ Mamma? Ciao. Sono **ancora** io. Senti, volevo dirti...

Ora guarda questi disegni e scrivi delle frasi usando **appena**, **già**, **non... ancora**, e **ancora** o **sempre**.

6 Concludiamo il discorso sul **passato prossimo**. Hai già notato che alcune volte il **participio passato** concorda con il **complemento diretto**?

- ● Qualcuno sa dov'è Riccardo?
- ○ **L**'ho vist**o** uscire cinque minuti fa.

- ● Hai chiamato Elena?
- ○ No, non **l**'ho ancora chiamat**a**.

- ● Avete visto Sirio e Valeria ultimamente?
- ○ Sì, **li** abbiamo incontrat**i** l'altro ieri.

- ● Dove sono le forbici?
- ○ **Le** ho lasciat**e** lì sul tavolo.

- ● Vuoi un caffè?
- ○ No, grazie, **ne** ho già pres**i** due.

Hai capito? Il *participio passato* concorda con il *complemento diretto* quando al posto del *complemento diretto* troviamo **lo**, **la**, **li**, **le**, **ne**.

Adesso guarda questa lista di cose da fare. Decidi quelle che hai già fatto e quelle che devi ancora fare, e scrivi delle frasi. Poi leggile a un tuo compagno.

ritirare i biglietti

richiamare Valentina

innaffiare le piante

prendere i soldi in banca

fare la spesa

comprare il regalo a Mauro

spedire le cartoline

pagare il telefono

invitare a cena Clara e Luciano

lavare la macchina

ordinare le pizze

prendere appuntamento con il dentista

i biglietti li ho già ritirati
Valentina non l'ho ancora richiamata

7 Racconta un episodio della tua vita in cui:

-hai avuto molta paura
-ti sei arrabbiato molto
-hai vinto dei soldi
-sei rimasto senza soldi
-hai cambiato umore improvvisamente
-hai bevuto troppo
-hai visto una scena terribile
-ti hanno rubato qualcosa
-ti sei sentito felice di vivere
-hai fatto arrabbiare molto i tuoi genitori
-ti sei innamorato

● Un giorno giocavo con mio fratello e mia sorella, e a un certo punto abbiamo deciso di vedere come si stava dentro la lavatrice. Allora abbiamo messo mia sorella, la più piccola, dentro la lavatrice, e l'abbiamo accesa...

8 Parla con i tuoi compagni dell'ultima volta che sei andato al ristorante o che hai preso qualcosa in un bar. Quando è stato? Dove sei andato? Con chi? Com'era il posto? Pensi di tornarci oppure no? Perché?

● Io l'ultima volta che sono andato a cena fuori sono stato in una trattoria con mia moglie. E' un posto che ci ha consigliato un amico.
○ Cos'avete mangiato?
● Io ho preso i tonnarelli alle noci. Mia moglie invece ha preso gli spaghetti alle vongole. Poi, per secondo, abbiamo mangiato le melanzane alla parmigiana. Erano buonissime!
○ Io invece tempo fa sono stato in un ristorante vegetariano. Ho mangiato solo verdure.
● ...

9 Ascolta il dialogo una o due volte e rispondi.

Quante persone c'erano sull'autobus?
Dove teneva i biglietti la signora?
Quando si è accorta la signora che non aveva più il portafoglio?
Perché la signora voleva prendere un cappuccino?
Quanti soldi hanno rubato alla signora?
Che cosa c'era di importante nel portafoglio?
Com'era il ragazzo che ha notato la signora sull'autobus?
Il poliziotto come aiuta la signora?

10 Leggi l'inizio del racconto "Fanatico" di Alberto Moravia. Non ti preoccupare se non conosci tutte le parole, ma cerca di capire il senso generale del brano. Poi, se ci sono parole che ti sembrano importanti e che non capisci, parlane con i tuoi compagni o chiedine il significato al tuo insegnante.

Una mattina di luglio, sonnecchiavo a piazza Melozzo da Forlì, all'ombra degli eucalitti, presso la fontana asciutta, quando arrivarono due uomini e una donna e mi domandarono di portarli al Lido di Lavinio. Li osservai mentre discutevano il prezzo: uno era biondo, grande e grosso, con la faccia senza colori, come grigia e gli occhi di porcellana celeste in fondo alle occhiaie fosche, un uomo sui trentacinque anni. L'altro più giovane, bruno, coi capelli arruffati, gli occhiali cerchiati di tartaruga, dinoccolato, magro, forse uno studente. La donna, poi, era proprio magrissima, col viso affilato e lungo tra due onde di capelli sciolti e il corpo sottile in una vesticciola verde che la faceva parere un serpente. Ma aveva la bocca rossa e piena, simile ad un frutto, e gli occhi belli, neri e luccicanti come il carbone bagnato; e dal modo col quale mi guardò mi venne voglia di combinare l'affare. Infatti accettai il primo prezzo che mi proposero; quindi salirono, il biondo accanto a me, gli altri due dietro; e si partì.

Attraversai tutta Roma per andare a prendere la strada dietro la basilica di San Paolo che è la più corta per Anzio. Alla basilica feci il pieno di benzina e poi mi avviai di gran corsa per la strada. Calcolavo che ci fossero una cinquantina di chilometri, erano le nove e mezzo, saremmo arrivati verso le undici, giusto in tempo per un bagno in mare. La ragazza mi era piaciuta e speravo di fare amicizia: non era gente molto in su, i due uomini sembravano, dall'accento, stranieri, forse rifugiati, di quelli che vivono nei campi di concentramento intorno a Roma. La ragazza, lei, era invece italiana, anzi romana, ma, anche lei, roba da poco.

Alberto Moravia, *Racconti Romani*

Hai notato che in questo testo c'è un nuovo tempo per parlare del passato? Si chiama *passato remoto*. Si usa quasi esclusivamente nei racconti di tipo letterario o quando evochiamo fatti lontani. Per ora non ti serve imparare a coniugare i verbi in questo tempo. Ti basta riconoscerlo. Lo imparerai nel secondo livello.

Ora invece, insieme ai tuoi compagni, provate a fare una lista delle voci verbali al **passato remoto** che compaiono in questo testo e dite di che verbi si tratta.

passato remoto venni *infinito* venire

Finora ci siamo concentrati soprattutto sulla pronuncia dei principali suoni dell'italiano e sui maggiori problemi che incontrano gli stranieri che imparano l'italiano. In quest'unità e in quella che segue inizieremo a lavorare anche sull'intonazione. Per ora in modo generico, e nel secondo livello più in dettaglio.

Ascolta le frasi.

Ho visto Paola due minuti fa.
Tempo fa sono stato in un ristorante vegetariano.
Anna Magnani è nata a Roma il 7 marzo 1908.
Volevo delle informazioni sui corsi di italiano.
Domani ho un sacco da fare.
Io preferisco rimanere a casa.
Devo lavorare tutto il giorno.
In tutti i bar ti devono dare lo scontrino.
Il giornalaio è davanti alla farmacia.
Sono le undici e un quarto.

Non sono mai stata a Parigi.
Non vado molto spesso a teatro.
Simona non si arrabbia mai.
Non venite mai alle nostre feste.
Lucia non ha ancora telefonato.
In questa stagione non piove mai.
José non mi ha mai scritto.
Ho due fratelli, ma non li vedo quasi mai.
Non ho più soldi, non so come fare.

Hai notato che nella maggior parte di queste frasi la voce scende verso la fine?

Ascoltale di nuovo e ripetile, cercando di imitarne l'intonazione.

Domani sera gioco a tennis con Cesare

1 Copri il testo e ascolta il dialogo.

- ● Pronto.
- ○ Pronto, Dario?
- ● Sì ?
- ○ Sono Bruno... come va?
- ● Bruno?
- ○ Sì , Bruno Cinque...
- ● Bruno! Scusa, sai, ma è così tanto che non ci sentiamo...
- ○ Come stai?
- ● Io bene, grazie, e tu?
- ○ Bene... Sono tornato a Roma il mese scorso...
- ● Sì , me l'ha detto Alessandro. Com'è andata?
- ○ Bene... abbastanza bene... Cioè, il lavoro, benissimo, e il resto... più o meno... Poi ti racconto... Senti ci vediamo una di queste serate?
- ● Sì , certo. Stasera che fai ?
- ○ Mah, veramente per stasera non ho ancora preso impegni, perché...poi pensavo di riposarmi... Cioè... da quando sono tornato ho avuto un sacco di cose da fare...
- ● Eh, me lo immagino... Senti... Ma Lucilla?
- ○ Eh, Lucilla! Lucilla a gennaio mi ha scritto una bella lettera di addio...
- ● Ma dai non mi dire... Mi sembra così strano... Senti, ci dobbiamo vedere, anch'io ti devo raccontare delle cose...
- ○ Che fai domani?
- ● Domani sera gioco a tennis con Cesare... non so se è il caso...
- ○ No, è meglio che ci vediamo da soli, così possiamo chiacchierare in pace.
- ● ... Però... non lo so... Perché dopodomani è sabato e io questo fine settimana vado a Potenza dai miei, che non li vedo da un anno...
- ○ Senti allora facciamo una cosa... lunedì mattina dove ti posso trovare?
- ● In ufficio.
- ○ Ecco, perfetto. Allora ti chiamo in ufficio e ci mettiamo d'accordo per la settimana prossima.
- ● Benissimo... Ah, senti... Ma ce l'hai il mio numero dell'ufficio?
- ○ Beh , se non è cambiato.
- ● No, no, è sempre quello.
- ○ E allora ti chiamo lunedì. Ti saluto.

Ora, senza guardare il testo, ascolta di nuovo il dialogo e trascrivi i marcatori temporali che vengono usati insieme a questi verbi. Alcuni li conosci già.

Sono tornato a Roma ....
Ci vediamo ....?
Che fai ....?
Lucilla .... mi ha scritto una bella lettera d'addio.
.... gioco a tennis con Cesare.
.... sabato, e .... vado a Potenza.
.... dove ti posso trovare?
Ci mettiamo d'accordo per ....
Allora ti chiamo ....

Ora ascolta di nuovo il dialogo leggendo il testo.
Se c'è qualcosa che non capisci, chiedilo al tuo insegnante.

2 Guarda questo.

Per riferirci a momenti del futuro

domani   dopodomani

Ti ricordi, quando parlavamo del passato, delle espressioni con **fa**, tipo **un anno fa**? Servono per "fare un salto indietro" nel tempo. Quando parliamo del futuro possiamo "fare un salto avanti" nel tempo con un'espressione simile.

tra fra	+ *quantità di tempo*	**Date**
	due ore	mercoledì
	tre giorni	il 3 agosto
	una settimana	a settembre
	un mese	a Natale
	quattro anni	per il mio compleanno
	...	

E ti ricordi delle espressioni con **scorso**, tipo **giovedì scorso**, la **settimana scorsa**? L'equivalente nel futuro è **prossimo**.

lunedì **prossimo**
i **prossimi** giorni
la settimana **prossima**
le **prossime** vacanze

3 Quando pensi di fare queste cose prossimamente?
Parlane con un tuo compagno.

andare al mare
andare al cinema
fare un viaggio
fare un picnic
scrivere una lettera
andare a un concerto
andare a teatro
fare i compiti

• Quando pensi di andare al mare prossimamente?
○ Non lo so... Forse la settimana prossima. E tu, quando pensi di andare al cinema prossimamente?
• ...

Qui c'è in gioco il domani.

Ogni giorno, sulla prima pagina di Repubblica, c'è Codice Blu, il nuovo gioco che può farti vincere 10 milioni* il giorno dopo.

E il giorno dopo. E il giorno dopo ancora.

Si gioca e si vince dall'oggi al domani.

La domenica ci sono in palio 30 milioni*.

E 50 milioni* l'ultimo giorno del mese. Per giocare e per vincere, basta comprare una Repubblica oggi e una domani.

4 Guarda questi disegni, ascolta i dialoghi, e per ognuno dì quando si svolge l'attività di cui si parla.

5   Guarda questo.

Per parlare di azioni future

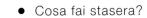

presente indicativo

- Cosa fai stasera?
- Ci vediamo giovedì alle 9.00.
- Domani è martedì 10 giugno.

presente di **dovere** *+ infinito*

- Domani devo alzarmi presto.
- Stasera dobbiamo vedere Anna e Marco.

presente o imperfetto di **pensare** *+* **di** *+ infinito*

- Cosa fai domenica mattina?
- Penso di rimanere a casa, perché?

Per esprimere desideri per il futuro

- *presente o condizionale di* **volere**

  voglio
  vorrei
  ...

  + infinito

  fare una gita in campagna
  andare al cinema
  avere un mese di vacanza
  ...

condizionale di volere
vorrei
vorresti
vorrebbe
vorremmo
vorreste
vorrebbero

- **Mi**
  Ti
  ...
  piacerebbe *+ infinito*

  lavorare un po' meno
  ...

6   Scrivi cinque frasi su cose che sei sicuro di fare prossimamente.

Lunedì prossimo vado dall'oculista.

7 Ora scrivi cinque frasi su cose che vorresti fare ma che non sai ancora se potrai.

> Sabato mi piacerebbe andare al mare, ma forse
> devo lavorare.

Per introdurre un'informazione che contrasta con l'informazione che si è appena data, usiamo **ma**.

* • Sono di Roma, **ma** abito a Parigi.
* • Ho il computer, **ma** non lo so usare.

Per introdurre un'eventualità usiamo **forse**.

* • Che fai domani sera?
* ○ Non lo so ancora. **Forse** vengono degli amici a trovarci.

8 Cosa pensi di fare in questi momenti del futuro? E i tuoi compagni cosa pensano di fare? Parlatene.

a Capodanno	stasera	a Pasqua
dopo la lezione	domani sera	questo fine settimana
l'estate prossima	a Natale	il giorno del tuo compleanno

* • Cosa fai a Capodanno?
* ○ Vorrei andare in montagna, ma forse devo rimanere qui... E tu?
* • Non lo so ancora.

Ora racconta al resto della classe cosa farà il tuo compagno in quelle occasioni.

9 Guarda questi disegni. Quali sono, secondo te, i desideri di queste persone? Parlane con un tuo compagno.

* • Questo vorrebbe trovare un lavoro.
* ○ Secondo me gli piacerebbe anche avere una casa.
* • ...

10 Tu e i tuoi compagni dovete passare le vacanze insieme. Ognuno fa le sue proposte... Mettetevi d'accordo su dove andare, quando, come, ecc.

● Perché non andiamo in campagna? Conosco un posto molto bello vicino Perugia...
○ Quando ci vorresti andare?
...

11

a. Nell'Unità 23 abbiamo cominciato a parlare dell'intonazione, e abbiamo ascoltato e ripetuto delle asserzioni, cioè frasi in cui si afferma o si nega qualcosa. Ascolta ora queste frasi interrogative e fai attenzione all'intonazione.

> Puoi ripetere, per favore?
> Come mai sono arrivati tardi?
> Scusa, come hai detto che ti chiami?
> Il suo nome?
> Mi date il vostro indirizzo?
> Sei sposato?
> Ma Ignazio non è il fratello di Sebastiano?
> Sapete l'ora?
> Senta, scusi, per andare al Colosseo?
> Quale preferisci tra queste giacche?
> Vi va di accompagnarmi a Milano domani?
> Buongiorno, sono Flavio, posso parlare con Gina?

Nelle frasi dell'Unità 23 l'intonazione scendeva. Hai notato che nelle frasi interrogative invece l'intonazione sale?

Ascoltale di nuovo e facci caso.

In italiano, contrariamente a quanto accade in altre lingue, nelle domande la voce sale e scende più di una volta, sui principali elementi chiave.

Ascolta di nuovo le frasi e cerca di notare i punti in cui l'intonazione sale.

Ora ascoltale ancora una volta e ripetile.

b. Ascolta le frasi e per ciascuna dì se si tratta di un'affermazione o di una domanda.

	1	2	3	4	5	6	7	8	9	10
affermazione										
domanda										

Facciamo il punto

1   Siamo arrivati alla fine del nostro corso. Facciamo il punto. Rispondi alle domande del questionario.
Se c'è qualcosa che non capisci, chiedilo al tuo insegnante.

a.   Pensi di avere imparato molto o poco?

molto ☐
abbastanza ☐
non molto ☐
poco ☐
niente ☐

b.   Credi di essere in grado di cavartela in italiano in situazioni della vita quotidiana?

sì, benissimo ☐
sì, abbastanza bene ☐
così così ☐
no, non molto ☐
no, per niente ☐

c.   Hai imparato più o meno di quanto ti aspettavi?

molto di più ☐
un po' di più ☐
quanto mi aspettavo ☐
un po' meno ☐
molto meno ☐

d.   Hai trovato difficile lo studio della lingua italiana?

sì, molto ☐
sì, abbastanza ☐
no, non molto ☐
no, per niente ☐

e.   L'hai trovato più difficile di quanto te l'aspettavi?

molto di più ☐
un po' di più ☐
quanto mi aspettavo ☐
un po' meno ☐
molto meno ☐

f. Quando si studia una lingua si fa anche un po' di grammatica. Pensi di averne studiata:

troppa ☐
molta ☐
quanto basta ☐
non molta ☐
poca ☐
troppo poca ☐

g. Ci sono cose sulle quali hai avuto difficoltà particolari? Se sì, quali?

h. Pensi di aver avuto abbastanza occasioni per parlare in italiano?

moltissime ☐
molte ☐
abbastanza ☐
non molte ☐
poche ☐
troppo poche ☐

i. In un corso di lingua, oltre alla lingua si impara a conoscere il paese nel quale viene parlata questa lingua e la sua cultura (in tutti i sensi: vita quotidiana, abitudini, arte, cinema, ecc.). Pensi di aver imparato molte cose sull'Italia e sulla vita degli italiani?

moltissime ☐
molte ☐
abbastanza ☐
non molte ☐
poche ☐
troppo poche ☐

l. E' cambiata l'immagine che avevi dell'Italia?
Se sì, in che senso? Come te l'immaginavi prima e come te l'immagini adesso?

m. Avevi già avuto altre esperienze di studio dell'italiano o di altre lingue straniere? Se sì, pensi che questa esperienza sia stata simile o diversa dalle altre?

simile ☐
un po' diversa ☐
molto diversa ☐

In che senso?

n. Con questo corso sono cambiate le idee che avevi sui corsi di lingua? Se sì, in che senso? Che idee avevi prima e che idee hai adesso?

o. Un corso di lingua è anche un'esperienza di vita. Serve per conoscersi, per vivere qualcosa insieme ad altre persone. Pensi di aver conosciuto i tuoi compagni?

sì ☐
no ☐

E il tuo insegnante?

sì ☐
no ☐

p. Qual è la cosa che ti è piaciuta di più, e quella che ti è piaciuta di meno?

del corso:

del libro:

2 Ora parla con i tuoi compagni e con il tuo insegnante di come avete risposto alle domande.

- ● A me questo corso è piaciuto. E a voi?
- ○ ...

3 Leggi questo testo varie volte senza chiedere niente al tuo insegnante e senza usare il dizionario, e cerca di capire le idee principali. Poi parlane con i tuoi compagni e il tuo insegnante, e leggetelo di nuovo insieme.

Hai notato che in questo libro non si parla soltanto di grammatica? Infatti si insiste soprattutto su come si dicono le cose direttamente in italiano, senza tradurre dalla tua lingua. In questo corso abbiamo cercato di aiutarti a fare alcune cose in italiano, anche se in modo elementare, con la stessa naturalezza con cui le fai nella tua lingua. Certo, dato che non potevamo insegnarti tutto in così poco tempo, abbiamo dovuto fare delle scelte, sia su cosa insegnarti che su come insegnartelo. Abbiamo cercato sempre di darti abbastanza elementi per poter fare le cose in modo naturale, ma senza esagerare nella quantità. E trattandosi di un corso per principianti, abbiamo deciso di insegnarti a fare alcune delle cose più importanti perché tu te la possa cavare in italiano. Nel secondo livello ne imparerai altre... E così, poco a poco, arriverai a esprimerti sempre meglio in italiano.

Anche nelle attività proposte abbiamo dovuto fare delle scelte. Per principio abbiamo cercato di farti fare cose che poi ti serviranno nella tua vita in italiano, e di coinvolgerti con i tuoi interessi, i tuoi gusti, le tue storie di vita, ecc. Abbiamo cercato anche di farti imparare elementi nuovi rivedendone altri al tempo stesso: in questa lezione, ad esempio, stiamo ripensando al lavoro fatto insieme, e al tempo stesso riutilizziamo molto di quello che abbiamo incontrato precedentemente. Così, ad esempio, al punto 2 hai dovuto discutere su cose che avevi appena preparato individualmente, e riutilizzare alcune delle parole riviste o imparate nel questionario del punto 1, ma anche molte cose imparate prima, durante tutto il corso: come si esprimono opinioni (**secondo me**, **per me**), il passato, ecc.

Hai notato che oltre a quello che stavi imparando abbiamo incontrato diverse volte cose sulle quali non abbiamo lavorato? In questo testo, ad esempio, si usano parole e forme che ancora non conosci (come ad esempio il futuro dei verbi). Eppure questo non ti ha impedito di andare avanti, e di concentrarti su elementi più importanti per te in quel momento. Non abbiamo voluto presentarti una lingua finta: ecco perché in alcuni casi ci sono cose che ancora non conosci. E poi, è importante che d'ora in avanti, quando studi l'italiano o qualsiasi altra lingua, impari a concentrarti su una cosa alla volta, anche se ne incontri tante altre. Noi ti consigliamo di imparare a *fare delle cose* nella lingua che stai studiando, e di approfondire solo gli elementi di grammatica di cui hai bisogno in quel momento, come abbiamo cercato di fare in questo libro, e di non sprecare troppe energie imparando cose che ancora non ti servono e che incontrerai più avanti, in altre occasioni.

Ora rispondi alle domande.

a. Sfogliando il libro e il quaderno degli esercizi, puoi trovare attività nelle quali si lavora solo sugli elementi nuovi che stai imparando?

b. Puoi trovare attività che, oltre a farti lavorare su quello che stai imparando, ti servono da revisione?

c. Puoi trovare, nei dialoghi e nei testi, cose che non conosci e sulle quali non si lavora in questo libro?

d. Puoi trovare attività che ti hanno coinvolto in modo particolare?

e. Ti ricordi di tutto ciò che hai imparato a fare? In cinque minuti fai una lista di quello che ti ricordi.

Salutare
ringraziare
invitare

Ora paragona la tua lista con quella dei tuoi compagni. Vi siete dimenticati molte cose? Controllatela sfogliando il libro o guardando l'indice dei contenuti all'inizio.

4 Ma non basta fare la lista delle cose che abbiamo studiato insieme. È importante soprattutto ricordare come si fanno queste cose. Ve lo ricordate tutti? Facciamo un gioco. Dividetevi in due gruppi. Il vostro insegnante vi darà delle situazioni precise in cui vi trovate. Ogni gruppo prepara una scenetta. Poi in ogni gruppo vengono scelti gli attori per rappresentarla. Dopo aver visto le due scenette, tutta la classe, insegnante compreso, vota per il gruppo che preferisce. Però cercate di essere obiettivi e di non votare sempre per il vostro gruppo... E ricordatevi che la scenetta migliore è quella che tiene meglio conto della situazione e del rapporto tra le persone. Oltre, naturalmente, alla grammatica! Se volete, invece dell'insegnante possono essere due o tre di voi a inventare le situazioni... Magari con l'aiuto dell'insegnante, o aiutandovi con il libro.

Situazione:.

Sei a casa tua, stai lavorando. Suonano alla porta. Vai a aprire. È un tuo carissimo amico che non vedi da tantissimo tempo. Vi salutate, lo fai entrare, vi raccontate quello che avete fatto negli ultimi tempi. Ricordati di essere cortese e di offrirgli qualcosa da bere o da mangiare.

- ● Andrea, che piacere! È tantissimo che non ci vediamo! Come stai?
- ○ Io bene, bene... passavo da queste parti e...
- ● Vieni, vieni, entra, accomodati... Ti posso offrire un caffè? Una birretta? Qualcosa da mangiare?
- ○ Sì, grazie, prendo volentieri una birra...

5 Giochiamo ancora. Dividetevi in due gruppi. Ogni gruppo prepara una lista di parole, poi chiede all'altro che cosa significano. Vince il gruppo che dà più risposte giuste. Contano solo le parole che avete visto insieme in classe, o che si trovano nel libro dell'alunno e nel libro degli esercizi. Se volete, potete fare lo stesso gioco con problemi di grammatica: forme verbali, articoli, possessivi, ecc. Però attenzione! Il gruppo che fa una domanda deve essere sicuro della risposta, altrimenti perde un punto.

6 Giocate al "Gioco dell'impiccato". Se non lo conoscete, ve lo spiegherà il vostro insegnante.

7 Qual è l'aspetto dell'Italia che ti ha interessato di più?
Fai una piccola ricerca, e poi presentala ai tuoi compagni.

8

Fate insieme queste parole crociate.

[griglia del cruciverba]

ORIZZONTALI

1. Extra Terrestre.
3 Il contrario di **falso**.
6. Ci si va d'estate.
8. Il nome della Loren.
10. Ci sono more, castane, rosse e...
13. Le vocali di Roma.
14. Lo diventa **ci** davanti a **lo**, **la**, **li**, **le**, **ne**.
16. Città eterna, Caput mundi, ci vanno tutte le strade...!
18. Un nome di donna.
20. Quella napoletana è con pomodoro, mozzarella e acciughe...
22. Né mio, né suo.
23. Un saluto.
26. $\underline{35} \times 4$: $\underline{10} + 28 : 4$
$\quad\;\; 7 \qquad\quad 2$
27. **A** + **il**.
28. Le vocali in fila.
29. L'infinito di **portò**.
34. Il contrario di **sempre**.
35. Tra la Q e la S.
37. La 1ª persona singolare del presente di **venire**.
39. Le iniziali di uno degli autori di questo libro.
40. Le iniziali di una delle autrici di questo libro.
41. Il capoluogo della Val d'Aosta.
42. Ci fa il bagno zio Paperone.
44. In Italia è a Milano, negli USA a Wall Street.
46. Consonanti di sette e otto.
47. Dura trecentosessantacinque giorni,
cinquantadue settimane e dodici mesi.
48. Una delle sette note musicali.
49. Un saluto e un motorino.
50. Il capoluogo della Lombardia.
53. Si fa arrosto, fritto o lesso.
56. Il contrario di **usate**.
59. Ci stai scrivendo sopra.
61. La dice il calendario.
63. **In** + **i**.
64. Va davanti a **zucchero**, **spagnolo**, **yogurt** e **psicologo**.
65. La 2ª persona singolare dell'imperativo di **andare**.

VERTICALI

1. La stagione delle vacanze.
2. La città della FIAT.
3. Fa rima con zia.
4. Seconda e quinta in terza.
5. Deve esserlo una buona poltrona.
6. Curano i malati.
7. Le consonanti alla radio.
9. C'è sempre nel passaporto.
10. Te lo dice il tuo insegnante quando rispondi bene.
11. Me stesso.
12. Sigla di Napoli.
14. Il materiale dei fogli.
15. Te lo corregge il tuo insegnante.
17. La 1ª persona singolare del presente di **andare**.
18. La prima parte della giornata.
19. Le vocali dei primi.
20. Pubbliche Relazioni.
21. La moglie del fratello di tua mamma o tuo papà.
25. La 3ª persona singolare del presente di **elevare**.
26. Adesso.
30. Si usano quando piove.
31. La 3ª persona singolare dell'imperfetto di **essere**.
32. Esame.
33. Si usa per cucinare.
36. Lo è il pallone.
38. Può essere mini.
39. Né nostro, né vostro.
43. L'inizio e la fine... in otto.
45. Una FIAT.
47. Anno Accademico.
50. Ci si va con il casco.
51. Imposta sul Valore Aggiunto.
52. Articolo femminile plurale.
54. Né qui, né qua, né là.
55. In mezzo alla roba.
57. Le vocali in fuga.
58. Le iniziali di uno degli autori di questo libro.
60. Le iniziali di una delle autrici di questo libro.
62. Però.

UNITÀ 1

6

Milano	Roma	città
parola	libro	studente
telefono	stazione	taxi
albergo	centro	aeroporto

UNITÀ 3

9

a.

● Il suo nome, per favore?
○ Federica Chiaromonte.
● Dov'è nata?
○ A Buenos Aires.
● Mi può dire la sua età?
○ 27 anni.
● Professione?
○ Infermiera professionale.
● Stato civile?
○ Nubile.
● Italiana, vero?
○ Sì, ma ho anche la nazionalità argentina.
● Va bene. Mi lasci il suo indirizzo e il numero di telefono. La chiamiamo noi appena c'è qualcosa.
○ Allora, è Corso Francia 11. E il telefono è 324.17.36.

b.

● Io mi chiamo Riccardo Cinti e faccio il meccanico.
○ Sì, un momento, per favore.

c.

● È sposato?
○ Separato.
● Ha figli?
○ Sì, tre. Due maschi e una femmina.

UNITÀ 4

11

● Scusa... parli italiano?
○ Sì.
● E lavori qui?
○ No, sono qui in vacanza. Sto facendo un corso di vela.
● Ah... Io lavoro su quella barca. Sai, accompagno i turisti... Senti, ma com'è questa scuola?
○ Mah, io mi trovo bene. La vita è un po' dura, ma gli istruttori sono veramente in gamba.
● Ma... cos'è, un corso per principianti?
○ No, avanzato.
● Quanto dura?
○ Eh... due settimane... Tu sei di Roma?
● Sì.
○ Anch'io.

● Ma va! E dove abiti?
○ Sulla Cassia.
● Dove?
○ Conosci Via San Godenzo?
● Certo, ci abita una mia amica. Si chiama Valeria Guglielmi.
○ No, non la conosco... E cosa fai a Roma?
● Studio. Faccio l'ISEF.
○ Ah! Anche mio fratello lo fa. Forse lo conosci. Si chiama Andrea Pantalani.
● No... eh... non seguo molto i corsi... Comunque, senti, ora devo andare. Mi aspettano in barca. A proposito, io mi chiamo Gianni. Tu?
○ Stefano.
● Beh, allora forse ci vediamo a Roma... Buone vacanze!
○ Grazie. Ciao.

UNITÀ 5

9

● Mi scusi, stiamo facendo un'indagine per la radio... A lei piace andare al cinema?
○ Beh, sì, mi piace molto, ma purtroppo non ci vado molto spesso, non ho tempo... I miei figli sì... loro ci vanno 3 o 4 volte a settimana.
● E lei signora? Lei va mai al cinema?
▲ No, io non ci vado mai... Sa... Con i figli, la casa e il lavoro, la sera sono sempre stanca...
...
● Buonasera, le posso fare una domanda? Stiamo facendo un'inchiesta...
△ No, no, ... mi scusi... Io non rispondo mai a queste cose... No... Grazie....
● Senti... tu vai mai al cinema?
■ Sì, spesso, spessissimo. Ogni volta che esce un film nuovo... Invece non vado quasi mai a teatro... Al massimo una o due volte all'anno.
● E tu vai mai al cinema?
□ Mah... Prima ci andavo sempre, adesso no. Guardo molto la televisione.

12

a.

● Scusa, sai che ore sono?
○ Le due e venti.
● Grazie.

b.

● Senta, scusi, mi può dire l'ora?
○ Certo. Sono quasi le dieci e mezza.

c.

● Luca, che ore sono per favore?
○ Le tre meno dieci.

d.

● Senti, scusa, mi puoi dire l'ora?
○ Ah, sì... sono le undici e dieci.
● Ti ringrazio.

e.
● Andiamo a dormire?
○ Ma che ore sono?
● Le dieci.

f.
● Che or'è?
○ Le otto e un quarto.
● Le otto? Sei sicuro? È ancora giorno...

g.
● Marta! Son le otto e venti e sei ancora a letto!

16
a.
● Che tempo fa lì?
○ Qui piove, e lì?
● Qui no, qui c'è il sole.

b.
● Uffa, come piove!
○ Eh, sì! Oggi è proprio brutto!

c.
● E oggi nevica?
○ Sì, per fortuna. Così domani andiamo a sciare.

d.
● Usciamo?
○ Non so, è tutto nuvoloso...

e.
● Che caldo!

f.
● Ciao, come va?
○ Fa un freddo!

UNITÀ 6

2
● E tu che fai nella vita?
○ Io... beh... io faccio molte cose...
● Ma studi?
○ Sì, e lavoro anche.
● E quindi sei occupato tutto il giorno...
○ No, no. Ho anche i miei momenti liberi...
● Mi puoi parlare di una tua giornata?
○ Allora, in genere mi alzo presto, verso le sette, poi
faccio una doccia, faccio colazione, e poi, diciamo
verso le 8 e mezza inizio a studiare...
● Ah, e cosa studi?
○ Informatica, sto facendo un corso per diventare
analista.
● Ah, ecco... E fino a che ora studi?
○ Mah, di solito fino all'ora di pranzo, diciamo fino
all'una, l'una e mezzo. A volte anche le due.
● E nel pomeriggio?
○ Beh... dopo pranzo dalle due e mezza alle tre e
mezza mi riposo, leggo il giornale, a volte invito
qualche amico a prendere un caffè... Poi mi preparo
per uscire.

● Per andare al lavoro?
○ Eh, sì... Purtroppo sì! Lavoro in un'agenzia di
viaggi... Fino alle sette. E dopo, finalmente sono
libero...
● E la sera, esci o stai più spesso a casa?
○ In genere esco... e torno sempre tardi... Ogni sera
dico "stasera voglio andare a dormire alle nove", poi,
però, torno sempre a casa dopo mezzanotte!

4
a.
● Io posso venire solo di mattina. Sai, il pomeriggio
lavoro.
○ E che lavoro fai?
● Il barista.
○ Ma allora non esci mai.
● Beh, no. Lavoro dalle due alle sette. Ho sempre la
serata libera.

b.
● E non vai mai fuori il fine settimana?
○ Mah, in genere il sabato e la domenica esco
sempre. Qualche volta vado in campagna dai miei.

c.
● Che ore sono?
○ Le tre e mezza.
● Oddio, è tardissimo. Devo scappare. Ci vediamo
martedì prossimo.

d.
● Lei viene anche domani mattina?
○ Domani? Dunque... domani è sabato... No, il sabato
non lavoro, porto fuori i bambini, sennò non li vedo
mai. Ma perché, lei viene anche il sabato?
● Mah, di solito passo la giornata con mia moglie.
Andiamo a pranzo dai suoceri, usciamo, vediamo
amici... Solo che domani lei ha da fare e quindi...

8
a.
● A me piace un sacco alzarmi tardi.
○ A me no.

b.
● Non sopporto la musica alta.
○ Ah! A me invece piace.

c.
● Ti piace viaggiare?
○ Sì, molto.
● Anche a me... Moltissimo.

d.
● Basta, non voglio mai più andare al cinema.
○ Beh! Io invece sì!

e.
● Fai mai la doccia gelata?
○ No, non lo sopporto proprio.
● Neanch'io.

f.
● Non mangio mai la carne la sera.

○ Davvero? Io invece sì.

11

a. Francesco, 35 anni.

○ Francesco, come... come passi i tuoi fine settimana?

● Mah, io il fine settimana vado in campagna con mia moglie e i bambini. Abbiamo una casa fuori Milano. Quindi, spesso il sabato sera invitiamo a cena degli amici.

○ Ah, e... chi cucina, tua moglie, o tu?

● Io. Mi piace molto cucinare. D'estate mangiamo sempre fuori... sotto gli alberi.

○ E... la domenica, cosa fai di solito?

● Di solito la domenica ci svegliamo tardi e facciamo colazione a letto. Paola, per esempio, mia moglie, detesta stare in casa la domenica mattina, e quindi generalmente andiamo a fare una passeggiata nel bosco o una gita in bicicletta.

○ E in città, a Milano, non restate mai?

● No. Non ci piace, c'è troppa confusione, e la domenica il tempo non passa mai. In campagna invece è diverso, mi riposo veramente. Gioco con i bambini, parlo con Paola, leggo, vado in bicicletta... Insomma, faccio tutto quello che mi piace fare, con calma.

b. Marina, 22 anni.

● Marina, tu come passi le tue vacanze...?

○ Io adoro il mare. Mi piace sempre, in tutte le stagioni: d'estate, in autunno, in primavera, anche in inverno. Anzi, soprattutto in inverno. Ci vado sempre, a Natale, a Pasqua, e ... spesso anche quando non lavoro o non vado all'università, ci vado anche la mattina...

● E... Quindi... quindi vai sempre al mare...e...Cosa fai al mare...So che ti piace lo sci nautico, vero?

○ Sì, sì... l'estate faccio l'istruttrice di sci nautico e... Poi vado in barca a vela, faccio windsurf... Mi piace correre sulla spiaggia, prendere il sole... e...

● E come mai questa passione per il mare?

○ Beh, perché il mare cambia sempre. Non è mai lo stesso. Cambiano i colori dell'acqua, del cielo, cambia la luce, le nuvole...

c. Gianfranco, 60 anni.

● Cosa faccio solitamente d'estate? In genere vado 15 giorni a casa di mio fratello, al paese.

○ E come passa le sue giornate?

● Mah, vedo i vecchi amici, vado tutti i giorni a pescare al fiume, faccio spesso delle gite in collina con mio fratello e mio cognato...

○ E la sera cosa fa?

● La sera mi piace molto andare al bar a giocare a carte, ma mia moglie brontola. A volte litighiamo pure.

○ Allora passate tutte le vacanze in paese?

● No. L'ultima settimana d'agosto di solito andiamo a trovare nostra figlia a Padova. Beh, veramente è mia moglie che ci vuole sempre andare. A me non piace, perché a Padova in agosto fa caldo, e poi non posso andare a pesca e nemmeno al bar. Mi annoio, anche perché in genere i nipotini sono al campeggio.

15

a.

casa - casa - casa
pala - pala - palla
rosa - rossa - rosa
polo - polo - polo
cassa - cassa - casa
penna - pena - penna
bruto - brutto - brutto
notte - notte - notte
bella - bella - bela
pollo - polo - polo

b.

casa	bello	vecchio	libro	pala	cassa
palla	nero	rosa	giallo	rosso	bruto
bela	petto	colazione	pollo	pena	anno
notte	note	collezione	brutto	polo	penna

UNITÀ 7

2

a.

● Allora io vado a comprare il pane... Eh? Dov'è il forno?

○ Guarda, davanti alla farmacia...

b.

● E dov'è il supermercato?

○ Dunque... mi pare... in piazza, tra la farmacia e la banca... davanti al museo.

c.

● La macelleria è vicino al supermercato, vero?

○ No, è... vicino alla chiesa, a sinistra del forno.

d.

● Ti ricordi dov'è l'albergo?

○ No.

● Vicino al museo... davanti alla chiesa.

e.

● E la libreria dov'è?

○ A destra della profumeria, davanti alla banca.

6

a.

● Scusi, per via Farnese?

○ Guardi... Eh...dunque... dopo il ponte... la terza a destra, se non sbaglio...

● Grazie.

b.

● Senti, scusa, sai dov'è piazza Risorgimento?

○ Sì, allora... guarda, vai sempre dritto fino a piazza Cola di Rienzo. Poi gira a destra e vai ancora dritto fino a quando non trovi una grande piazza. Quella è piazza Risorgimento.

● È lontano?

○ Beh, da qui... se vai in autobus, saranno... quattro o cinque fermate, credo, però a quest'ora c'è traffico...

● Ah, e a piedi? Cinque minuti?

○ Mah... dieci minuti, un quarto d'ora...

c.

● Mi dispiace, qui non può passare, è senso unico.

○ Io devo andare a piazza Cavour...

● Allora guardi, giri a destra al secondo semaforo, via Tacito.

d.

● Mi scusi, per andare a via Ezio?
○ Dunque... mi faccia pensare... Sì, ah, ecco guardi, giri subito a destra qui in via Germanico. E... sempre dritto... via Ezio dovrebbe essere... la prima traversa... dopo piazza dei Quiriti.
● Piazza dei Quiriti?
○ Sì.
● Grazie mille.

8
a.

● Scusi, per favore, via dei Cappuccini?
○ Allora guardi... in fondo a questa strada c'è una piazza, con una grande fontana... lei si lascia la fontana a sinistra, e giri intorno alla piazza... al secondo semaforo giri a destra... poi ancora a destra...
● È lontano?
○ No, più o meno cinque minuti... ma se vuole può prendere l'autobus... il 490 o il 419...
● E dov'è la fermata?
○ ...

b.

● Scusi, per via dei Greci, per favore?
○ Sì, guardi... Vada su per questa via fino a quel semaforo. A piazza Barberini prende subito la prima a sinistra, continua sempre dritto fino a una piazza con un obelisco. E a sinistra c'è una scalinata...
● Quella di piazza di Spagna?
○ Sì, esatto. A piazza di Spagna subito a destra... c'è via del Babuino... via dei Greci è... dunque... una... due... la... terza traversa a sinistra.

c.

● Senti, scusa, sai dov'è la Posta Centrale?
○ Quella di piazza San Silvestro?
● Non lo so...
○ Sì, è sicuramente quella... Guarda... scendi per questa strada... vedi il simbolo della metropolitana? Quando sei lì gira a destra e poi vai sempre dritta... attraversa la piazza... al semaforo ancora dritta... fino in fondo...
● Fino in fondo?
○ Sì... due o trecento metri... finché trovi una piazza a destra... Quella è piazza San Silvestro... La riconosci perché ci sono tanti autobus... la Posta è accanto a una chiesa, non ti puoi sbagliare...

9
a.

professione ● parola inesistente
belga ● parola inesistente
abitare ● parola inesistente
parole ● parola inesistente
parola inesistente ● giapponese
parola inesistente ● brasiliano
piove ● parola inesistente
parola inesistente ● polacco
sposata ● parola inesistente
pomeriggio ● parola inesistente
parola inesistente ● primavera
parola inesistente ● febbraio
piazza ● parola inesistente

padre ● parola inesistente
ottobre ● parola inesistente
nipote ● parola inesistente
brutto ● parola inesistente
parola inesistente ● bravo
parola inesistente ● bello
poco ● parola inesistente

b.

sempre	banca	abito	febbraio
bambino	parole	belga	nipote
abbastanza	padre	giapponese	primavera
piazza	sposato	bello	piove
pomeriggio	brutto	ottobre	professione

UNITÀ 8

11
a.

televisione ● parola inesistente
fratelli ● parola inesistente
parola inesistente ● francese
Svizzera ● parola inesistente
parola inesistente ● svedese
fai ● vai
parola inesistente ● avvocato
parola inesistente ● venti
ventuno ● parola inesistente
parola inesistente ● ventidue
novanta ● parola inesistente
parola inesistente ● vicino
parola inesistente ● venerdì
inverno ● inferno
parola inesistente ● viaggio
invece ● parola inesistente
parola inesistente ● lavoro
primavera ● parola inesistente
via ● parola inesistente
parola inesistente ● davanti

b.

fratelli	francese	venerdì	fai
inverno	viaggio	fine	invece
lavoro	primavera	via	davanti
famiglia	figli	forno	profumeria
ufficio	fare	faccio	febbraio

UNITÀ 9

5

● Guarda, ti piace quella borsa?
○ Quale?
● Quella... quella lì a sinistra.
○ Mmm... carina.
● Guarda anche quella... quella verde...
○ No, non mi piace molto. Preferisco quella gialla, rotonda.
● Ma è troppo piccola...
○ Piccola? Ma no... non quella a destra, quella al centro!

10

a.

● Allora, che prendete?
○ Io un caffè, e tu?
● Io un tè al limone.
▲ Per me un succo di frutta.

b.

● Senta... Quant'è?
○ Cappuccino e cornetto? Sono mille e sette.

14

a.

dove ● parola inesistente
parola inesistente ● domani
parola inesistente ● dottore
parola inesistente ● andare
tedesco ● parola inesistente
olandese ● parola inesistente
due ● tue
medicina ● parola inesistente
dire ● parola inesistente
madre ● parola inesistente
parola inesistente ● padre
parola inesistente ● verde
parola inesistente ● dieci
diciannove ● parola inesistente
devo ● parola inesistente
guarda ● parola inesistente
domenica ● parola inesistente
parola inesistente ● dormire
parola inesistente ● soldi
lunedì ● parola inesistente

b.

domani	alimentari	andare	tedesco
due	pantaloni	medicina	dire
vestiti	madre	biscotti	verde
dormire	lattina	dieci	scatola
aggettivo	domenica	centro	ristorante

UNITÀ 10

5

a.

● Allora, perché oggi non andiamo a fare una passeggiata nel bosco?
○ Veramente non posso camminare... Mi fanno male i piedi.

b.

● Vi va di accompagnarmi a Milano domani?
○ A me sì... e a te?
▲ Sì, sì, d'accordo, così mi compro una borsa in quel negozio in via della Spiga...

c.

● Ci fermiamo a bere qualcosa prima di tornare a casa?
○ Veramente sono molto stanca...

d.

● Perché domani non andiamo alla festa di Patrizia?
○ No, mi dispiace, domani voglio vedere Danilo... Sai, lui è libero solo il giovedì...

6

a.

○ Va bene, allora quando possiamo vederci?
● Facciamo mercoledì alle 19?
○ D'accordo, mercoledì 2... alle 19... Dove?
● Qui da me. Via Ottaviano 44.

b.

○ Dottore, per lei va bene venerdì 4 alle 16?
● No, signorina, sarebbe meglio prima... non è possibile dopo pranzo, verso le 2?
○ Sì... va bene... allora l'ingegnere l'aspetta in Via Crescenzio 13... alle... 14.30... venerdì 4, va bene?

c.

○ Carlo? Tra mezz'ora sono da te...
● No, mi dispiace, devo uscire... perché non ci vediamo in centro tra due ore?
○ Va bene, dove?
● Alle 6 e mezzo davanti al Caffè Rosati per te va bene?
○ Sì sì, benissimo...

d.

○ E questo fine settimana hai da fare? Noi partiamo venerdì pomeriggio, andiamo a Rocca di Mezzo...
● Mmm... Sì, OK, cerco di liberarmi... Dove vi vedete?
○ Alle 4 a casa di Marisa.
● No, aspetta un momento, il 4 alle 2 e mezza ho un appuntamento, non so se finisco per le 4... facciamo alle 4 e mezza?
○ D'accordo, allora ti aspettiamo alle 4 e mezza, ma non più tardi, eh?

e.

○ Carletto, ti ricordi che venerdì pomeriggio devi andare a prendere zia Pina a Fiumicino, vero?
● A Fiumicino? A che ora?
○ Il volo arriva alle 4 e mezzo...
● Ma Sara, zia Pina non può prendere un taxi? Venerdì alle 4 e mezza ho una riunione di lavoro...

10

a.

grazie ● parola inesistente
maschile ● parola inesistente
parola inesistente ● grigio
guarda ● parola inesistente
parola inesistente ● bianco
singolare ● parola inesistente
cosa ● parola inesistente
parola inesistente ● spaghetti
albergo ● parola inesistente
parola inesistente ● caffè
parola inesistente ● belga
ragazza ● parola inesistente
parola inesistente ● casa
parola inesistente ● tabaccaio
chilo ● parola inesistente

Inghilterra ● parola inesistente
pacco ● parola inesistente
zucchero ● parola inesistente
parola inesistente ● dialogo
poco ● parola inesistente

b.

poco	singolare	zucchero	pacco
spaghetti	albergo	chilo	grazie
tabaccaio	belga	casa	ragazza
Inghilterra	caffè	cosa	grigio
bianco	maschile	guarda	dialogo

UNITÀ 11

10

a.

● ARSA, buongiorno.
○ La dottoressa de Mincis, per favore.
● Chi la desidera?
○ Sono Andrea Rispoli.
● La dottoressa è fuori Roma. Rientra martedì prossimo.
○ Ah... ho capito...
● Le vuole lasciare un messaggio?
○ No, non importa. Richiamo io martedì. Grazie.
● Prego, buongiorno.

b.

● ARSA, buongiorno.
○ Buongiorno, posso parlare con Valentino Guidi?
● In questo momento non c'è, è fuori per il pranzo.
○ Gli può dire di chiamarmi? Sono il fratello. Sono a casa.
● Senz'altro.
○ Grazie.

c.

● ARSA, buonasera.
○ Anna? Buonasera, sono la signora Cialdea, mi può passare mio marito, per favore?
● Sì, può aspettare un attimo? Glielo passo subito.
...
● Signora?
○ Sì?
● Suo marito è in riunione con il direttore e un cliente. La può richiamare tra un quarto d'ora?
○ Mmm... No, senta, gli dica che io esco con i bambini e che torno a casa verso le otto.
● Verso le otto... Benissimo.
○ Grazie arrivederci.
● Buonasera.

d.

● ARSA, buonasera.
○ Il ragionier Filippi dell'amministrazione, per favore.
● Il ragioniere oggi non è venuto in ufficio. Vuole lasciargli un messaggio?
○ Sì, io sono Rami della Cartotek. Volevo dirgli che purtroppo domani non posso venire all'appuntamento.
● Va bene, lo avverto io.
○ Grazie, buonasera.

● Buonasera.

e.

● ARSA, buonasera.
○ Posso parlare con il dottor Bernicani? Sono Gianni, un suo amico.
● È sull'altra linea. La può richiamare tra qualche minuto?
○ Sì, sono al 639.03.17.
● Sei tre nove, zero tre, uno sette. Benissimo. Grazie.
○ Grazie, buonasera.

f.

● ARSA, buonasera.
○ La dottoressa Chiaraviglio, per favore?
● Attenda, prego...
...
● La dottoressa è appena uscita. Vuole lasciar detto qualcosa?
○ No, non importa. La chiamo io a casa. Grazie.
● Prego, buonasera.
○ Buonasera.

11

a.

● Pronto?
○ Pronto, posso parlare con Mariella? Sono Carmela.
● Ciao, sono io. Come stai?
○ Bene grazie, e tu?
● Bene. Che fai?
○ Sono qui con degli amici. Ti va di venire al cinema?
● Sì, per me va bene... Che film?

b.

● Signor Mucci!
○ Oh, buonasera! Come sta?
● Io bene, grazie, e lei?
○ Bene, bene, grazie.
● Come mai da queste parti?
○ Sto andando in banca e poi vado a...

c.

○ Pronto?
● Ciao Rita, come va?
○ Ciao. Insomma, mica tanto bene.
● Perché? Che è successo?
○ Sai... Tonino... è andato a sciare...

d.

● Dottor Andreani, c'è il dottor Coccia sulla 5.
○ Me lo passi pure, grazie... Sì? Pronto?
● Dottore, buonasera, sono Coccia dell'E.R.S.
○ Buonasera, come sta?
● Io bene, grazie, e lei?
○ Bene, bene, grazie. Mi dica...

e.

● Pronto?
○ Ciao, sono Alessio, c'è Raffaele?
● Sì, aspetta. Ciao.
○ Ciao.
● Pronto?
○ Raffaele, ciao, sono Alessio...

● Alessio! Come stai?
○ Bene grazie, cioè, non tanto bene... Sai, mi sono rotto una gamba...
● La gamba! Ma come?

12

a.

parola inesistente ● Germania
parola inesistente ● civile
parola inesistente ● piacere
parola inesistente ● Genova
centro ● parola inesistente
parola inesistente ● cinque
oggi ● parola inesistente
diciotto ● parola inesistente
Giulio ● parola inesistente
faggio ● faccio
messaggio ● parola inesistente
leggere ● parola inesistente
genitori ● parola inesistente
buongiorno ● parola inesistente
cinema ● parola inesistente
parola inesistente ● giapponese
parola inesistente ● francese
pomeriggio ● parola inesistente
parola inesistente ● camicia
cena ● parola inesistente

b.

Germania	civile	piacere	Genova
centro	cinque	oggi	diciotto
Giulio	faccio	messaggio	leggere
genitori	buongiorno	cinema	giapponese
francese	pomeriggio	camicia	cena

UNITÀ 12

6

● A che ora sei tornata ieri sera? Non ti ho sentita per niente...
○ Non lo so, non ho guardato l'ora. Mah, verso le due e mezza, credo.
● Le due e mezza?!?! E che avete fatto fino a quell'ora?
○ Perché? Ti sembra molto tardi? Beh, fino a mezzanotte sono stata a quella riunione. Dev'essere finita tardissimo. Noi a un certo punto ci siamo stufati e abbiamo deciso di andar via.
● Meno male! Allora ho fatto bene a rimanere a casa. E poi, che avete fatto?
○ Mah, niente di speciale. Angela era stanca e l'abbiamo riaccompagnata a casa. E... poi, verso mezzanotte e mezza siamo andati a mangiare i cornetti caldi in quel posto vicino a Trastevere. E...lì abbiamo incontrato Simona con i suoi amici. Poi siamo andati tutti a bere una birra a casa di Gianni, e ci siamo messi a chiacchierare. Poi... verso l'una e mezza... loro sono andati via perché avevano sonno. E io sono rimasta... lì con lui un altro po', e... verso le due... mi ha riaccompagnata a casa.
● E allora? Non è successo niente?

○ Macché! È troppo imbranato...

UNITÀ 13

7

△ Pronto?
● Maggioli?
△ Sì?
● Buongiorno, sono Linda, potrei parlare con Cristina?
△ Sì, Linda, ora te la passo subito!
...
○ Linda! Ciao!
● Ciao Cristina, come va?
○ Bene, grazie e tu? Quando sei tornata?
● Ieri sera...
○ Bene! Com'è andata?
● Benissimo... ho presentato il progetto. Speriamo bene...
○ Hai visto Enrico?
● Sì sì, certo. È stato molto carino, mi ha ospitato. Adesso abita al centro e... vicino Piazza Navona. Vive con un amico...
○ Ah sì?
● Sì, si chiama Gabriele
○ Mmmmh... ma c'è qualcosa?
● Beh, praticamente ci siamo messi insieme...
○ Ma dai, non mi dire!
● Sì, si, è carinissimo, fa il giornalista.
○ E' una cosa seria?
● Beh, penso proprio di sì. Forse andiamo a vivere insieme.
○ E come fai? Ti trasferisci a Roma?
● Eh sì, per forza, lui lavora lì e per ora non può.
○ Hmm... E te la senti?
● Beh, diciamo di sì. A me Roma piace, è solo un po' caotica...
○ Hmm... Molto caotica!
● E' vero... e... Ah, senti, lo sai chi ho incontrato?
○ No. Chi?
● Giacomo, ti ricordi? Veniva a scuola con noi, Giacomo Fabiani, quello alto...
○ Ah, sì, certo, Giacomo! Dove l'hai incontrato? Che fa?
● Siamo andati una sera in quel ristorante vicino a casa di tua zia, quello dietro Castel Sant'Angelo, vicino al Lungotevere, ci siamo seduti e...

9

● Allora, dunque, ricapitoliamo... partenza da Roma Termini alle... 7.30 di sabato 25 luglio... il treno arriva a Civitavecchia alle 8.15...
○ Sì, esatto... A Civitavecchia deve aspettare due ore, e la nave parte alle 10.40...
● E arriva a Olbia...
○ Alle 17.30. A questo punto deve prendere l'autobus per Palau alle 18...
● E quanto ci vuole da Olbia a Palau?
○ Poco più di due ore... Eh... alle 8.10 è a Palau.
● D'accordo...
○ Guardi però che a Palau deve sbrigarsi, perché purtroppo l'ultima nave per la Maddalena parte alle 20.15.

● Benissimo e... E senta, già che ci sono, posso prenotare anche l'aereo per il ritorno?
○ Certo. Che giorno?
● 30 agosto.
○ Dunque... 30 agosto... E... a che ora preferisce partire?
● Mah, non troppo presto... Verso le 11 se possibile...
○ Sì... allora... ecco, ecco, può prendere il traghetto per Palau alle... 11.15... l'autobus per Olbia parte alle 13.30... Va be', mi dispiace che deve aspettare un po', ma prima ce n'è solo uno alle 9.00...
● Va bene, non importa...
○ Ecco, alle 15.20 è ad Olbia... Ecco, guardi, il suo volo può essere quello delle 16.45, che arriva a Roma alle 17.25... Va bene?

UNITÀ 14

5

a.

● Aaauh... Ho un sonno!
○ Beh, prendiamo qualcosa. Ti va un tè?
● No, no, grazie, ho già preso il caffè.

b.

● Mangiamo qualcosa?
○ Non so... Non ho molta fame...
● Ti va un panino?
○ No, grazie...
● Dai, un panino col prosciutto...
○ Beh, va bene, grazie... Però piccolo, eh?

c.

● Vuoi una sigaretta?
○ No, grazie, non fumo.

d.

● Ho una sete! Ho già bevuto un litro d'acqua.
○ Ti posso offrire qualcosa? Un'aranciata, una coca-cola...
● Sì, grazie, un'aranciata.

e.

● Non mi sento bene, mi fa male la testa...
○ Vuoi un'aspirina?
● No, grazie, sono allergica.

f.

● Ti va un po' di torta?
○ Beh, veramente non posso mangiare dolci, sai, sto facendo una dieta...
● Dai, solo un pochino...
○ Beh, sì, dai, va bene, un pochino sì, grazie.

10

b.

meglio	lì	alla	italiani
gli	lei	sorella	nazionalità
operaio	moglie	famiglia	maglione
luglio	poliziotto	insegnante	belli

compagni	aiutare	palestra	giornalaio
significato	fratelli	aprile	sbagliato
solito	ballare	vela	foglio
luce	collina	sulla	caldo

UNITÀ 15

10

a.

● Gianluca, buonasera, come sta?
○ Bene, grazie. Passavo da queste parti e...
● Ha fatto benissimo a venire. Le posso offrire qualcosa?
○ No, grazie, non importa...
● Ma sì, un caffè...
○ Beh, va bene, un caffè sì, grazie.

b.

● Ho una fame! Avete qualcosa da mangiare?
○ Sì, certo. Apri il frigo e vedi tu.

c.

● Non riesco ad aprire questo cassetto.
○ Ti aiuto?
● Sì, grazie.

d.

● Ufff... Sono senza soldi. Mi presti 10.000 lire?
○ Sì, certo, tieni.

e.

● Che ore sono?
○ Le tre.
● Le tre? È tardissimo, e io devo arrivare dall'altra parte della città! Mi puoi accompagnare con la macchina?
○ Oh, no, scusa, no, ma adesso non posso. Aspetto una telefonata.
● Non importa. Prendo un taxi.

f.

● Allora, questo lavoro è finito. Ora telefono al signor Ferretti...
○ Se vuole gli telefono io...
● No, grazie, non c'è bisogno. Lo chiamo io.

g.

● Hai letto l'ultimo libro di Oriana Fallaci?
○ Insciallah?
● Sì. Me lo presti?
○ È di là in camera mia.
● Ti dispiace se lo vado a prendere?
○ No, no, vai pure, io l'ho già letto.

h.

● È arrivato il taxi, sei pronta?
○ Sì, eccomi...
● Porto io le valige?
○ Beh, sì, quella sì, grazie, che pesa.

11

a./b.

caro	carro	leggere	terra
buonasera	abitare	favore	terrazza
ora	sera	sorriso	tre
birra	radio	operaio	sicuramente
Inghilterra	Roma	arrivo	parola

c.

radio	romano	Russia	righello
Roberto	racchetta	ragazza	regista
rosso	riunione	rotta	ridere

UNITÀ 16

9

a.

○ Secondo me la pizza è la cosa più buona del mondo...

● Sì, guarda anche secondo me... non mi stanco mai di mangiarla...

b.

● Vuoi un po' di latte?

○ No, grazie, non lo posso bere...il latte mi fa male...

● Davvero? Io lo prendo sempre prima di andare a letto... per me è come un sonnifero...un bicchiere di latte e mi addormento immediatamente...

c.

● Come fai a mangiare il peperoncino così, come si mangia una mela?!

○ Perché? È così... fresco, saporito... piccante...

● Ecco, appunto, un po' troppo piccante...

d.

○ E il pollo, invece, ti piace?

● Mah, non molto... mi sembra sempre un po' insipido... e a te?

○ Sono d'accordo, neanche a me piace... lesso soprattutto...

e.

● Com'è la tua bistecca?

○ Buonissima... proprio saporita... vuoi assaggiarla?

● No no, grazie... Non mi piace la carne poco cotta, mi sembra sempre completamente cruda...

10

● Mmm... che buono!

○ Barbara, questo pesce è squisito! Ma come lo fai?

▲ Eh... questo è un segreto! Un po' dipende dal pesce... Dev'essere freschissimo... Io vado alle sei al mercato da un pescatore… di… di Anzio...

○ Forse quello che mi piace di più è il pane abbrustolito... non so... forse il sugo... questi gamberi hanno un sapore...

● È strano, a me il pesce in genere non piace molto, non lo mangio quasi mai... a parte il fritto misto di Barbara!

○ Sì, Barbara, in cucina sei un genio!

▲ No, è che mi piace proprio cucinare... Si possono inventare tante ricette...

12

a.

dentro	modo	dialogo	chiudere
abitare	fotografia	dopo	brutto
dove	ottobre	chiedere	medico
due	dormire	caldo	segretaria
buonasera	bello	agosto	lungo
largo	negozio	sabato	grande

b.

modo	dialogo	lungo	due
medico	caldo	segretaria	fotografia
grande	agosto	largo	negozio
chiudere	ottobre	abitare	buonasera
bello	brutto	sabato	chiedere

UNITÀ 17

1

▲ I signori vogliono ordinare?

● Sì, dunque... per me... pasta e fagioli.

○ Io non so... cosa sono i tonnarelli?

● Eh, una specie di spaghetti, ma... ma quadrati.

○ Mm...allora no, no, preferisco... il minestrone.

▲ Benissimo. E di secondo?

○ Io... vorrei pollo arrosto...

● Per me invece... coniglio alla cacciatora.

▲ Di contorno?

● Io insalata mista.

○ Per me, patatine fri.. no, anzi, insalata mista anche per me.

▲ Molto bene... E da bere?

● Preferisci vino o birra?

○ Vino, vino...

▲ Allora un litro di vino della casa... e una minerale.

6

● Senta, scusi, possiamo ordinare?

▲ Sì, eccomi... Allora, cosa prendono da bere?

■ Birra per tutti?

● No, io preferisco del vino... un bianco di Frascati...

▲ Allora, una birra alla spina grande, no?... e un Frascati... prendono degli antipasti?

■ Sì, per me... Avete sempre quel prosciutto S. Daniele...?

▲ Sì, certo... e per lei?

● Un antipasto misto.

▲ Bene... un antipasto misto anche per lei?

○ Mm...no, io non prendo niente...

▲ E per seguire?

● Come sono le penne della casa?

▲ Sono penne con le zucchine... sono molto buone.

○ Mm… va bene, io le provo.

■ Per me invece una pizza marinara.

▲ Una marinara... bene... E lei cosa prende?

● Io vorrei delle fettuccine ai carciofi.

▲ E di secondo?

○ Io non prendo niente... anzi no, mi porti un'insalata mista.

▲ E per lei?

■ Per me basta così.

● Mmm... insalata mista anche per me. E del fegato ai ferri...

■ Senta, scusi...

▲ Sì, mi dica.

■ Ci può portare altro vino per favore? Ah, e anche... una bottiglia di minerale.

▲ Subito!

▲ Prendono un dolce, della frutta?

■ Io vorrei assaggiare il vostro tiramisù.

● Per me... una fetta di quella torta di mele che ho visto entrando.

○ Io prendo solo un caffè.

▲ Altri caffè?

● Sì, io lo prendo.

■ Anch'io.

8

b.

ripetere	televisione	caldo	aeroporto
tre	lunedì	indirizzo	ricordare
cliente	ospedale	signora	lingua
favore	italiano	martedì	dietro
telefono	guardare	Roma	dialogo
colazione	sera	insalata	latte

UNITÀ 18

5

● Allora, io adesso vi descrivo una casa, e voi cercate di disegnarla. E' una casa rettangolare... che... è divisa in... due... grandi parti... Diciamo che... la metà della casa è occupata dal... salone...

○ Ma, scusa, è una pianta o è la sezione frontale...?

● No, no, è la pianta della casa, noi...

○ E' una pianta...

● Noi disegnamo la pianta della cas...

○ Allora, OK

● Una casa rettangolare... divisa in due...

○ Sì...

● Una metà è... è occupata dal salone... e l'altra metà è attraversata da un... corridoio che la taglia in due, e il corridoio va dalla porta d'ingresso al... alla porta del salone, praticamente...

○ Sì.

● OK? Allora, entrate in casa e avete questo corridoio...

▲ Hmm.

● A destra e sinistra delle stanze, e in fondo c'è il salone... Va bene?

○ ▲ Sì.

△ Hm hm.

● OK.. Allora fin qui ci siamo? Vi dico dov... come sono divise le stanze.

△ Sì.

● Allora quando si entra in casa a destra ci sono due stanze, diciamo che la prima è un po' più grande della seconda.

△ Hm hm.

○ Sì.

● E... a sini...

■ La prima proprio appena entrati a destra?

● Appena entri a destra la prima stanza è un po' più grande di quella che segue sempre a destra... Invece a sinistra ce ne sono tre... E... le... prime due... sono... eh... un po' pi... sono uguali, diciamo, alla seconda...

○ Come le prime due uguali alla seconda?

● Cioè, diciamo che ci sono tre stanze, le prime due messe insieme sono come la seconda da sola.

△ Ah, ho capito.

○ Ah, capito.

● Per cui sono più piccole.

△ Ognuna è la metà della seconda...

○ Esatto.

● Esattamente... Ognuna è la metà della seconda.

○ Saranno due piccole camere... degli ospiti.

■ Allora, aspetta io entro e a... sinistra ho subito due porte di due stanze piccole.

● Esatto.

■ E poi... la terza porta a sinistra invece è più grande.

● Esattamente, esattamente.

■ Quella vicino al salone.

● OK, perfetto... Adesso vi dico che cosa c'è in queste stanze.
Allora, abbiamo visto il salone, poi eh... appena si entra a destra c'è... uno studio...

○ Oh, ecco. Libreria?

● Poi... e la seco... tra lo studio e il salone c'è una camera da letto...

■ Più piccola dello studio dunque?

● Sì è leggermente più piccola dello studio.

△ E' la camera matrimoniale o...

● Sì, sì, è una camera matrimoniale, qui ci abita una coppia... che a volte ospita amici, ma insomma,,, niente di speciale... Poi... quando s... di fronte al... alla... camera da letto c'è una cucina, che è abbastanza grande... Va bene?

△ Hm, hm.

● Poi, subito attaccato alla cucina c'è... il bagno... e poi, dopo il bagno c'è una ... stanza piccola per... ospiti...

□ Stanza da letto?

● Sì, per cui diciamo che il bagno è tra la cucina e la ca... la camera piccola.

▲ Hm, hm.

● Va bene?

○ Questa è la camera da letto...

● Ci siamo?

△ Sì.

● Vogliamo provare a mettere le porte dove sono... Va be' le porte...

□ Va be' le porte, ovviamente... Le finestre, piuttosto...

△ Ma... la camera matrimoniale ha... la porta solo sul corridoio? O anche sul... salone...

● No, la camera matrimoniale solo sul corridoio, solo sul corridoio...

△ E la cucina, anche?

● La cucina anche, sì, sì.

✳ Ma ... lo stu...

● ... perché si mangia in questa cucina.

✳ Lo studio e la camera da letto son comunicanti?

● Lo studio e la camera da letto? No, no. Queste... stanze danno tutte sul corridoio. E' una casa... d'impostazione...

■ Ci sono terrazze?

● ... molto semplice, tradizionale. No, niente terrazze. Allora in salone c'è una finestra molto grande, davanti alla porta...

△ Hm, Hm

● ... che occupa... quasi tutta la parete di fronte...

○ Che bello!

● .... E poi, sulla parete di destra...

△ Nel salone?

● Sì...

△ Cioè, entrando a destra?

● Esattamente, c'è una finestra un po' più piccola, che è vicino all'angolo... vicino all'altra finestra grande, insomma...

△ Hm Hm

● Poi, nella camera da letto... eh... c'è una finestra, più o meno davanti alla porta, nello studio... eh... c'è una finestra nell'angolo, proprio appena si entra sulla destra davanti alla porta, hm? L'angolo davanti alla porta a destra... In cucina e in bagno, va be', due finestre... e anche...

△ Normali?

● Una finestra normale, in mezzo alla parete... di fronte alla porta... hm?

□ La cucina non ha un terrazzino?

● No... Questa è una casa di una città moderna, non ci sono terrazzini...

○ Niente...

● Niente.

△ ...

● Va bene, allora vogliamo vedere se ci siamo?... OK Mi sembra che... più o meno... ci siamo capiti tutti. Perfetto.

8

a.

● Sai dov'è il telefono?

○ Sì... Ce n'è uno nell'ingresso, vicino all'attaccapanni, e... un altro è sul comodino... in camera di Gianni.

b.

● Non riesco a trovare l'apribottiglie...

○ Prova a guardare lì sul frigorifero, dietro a quei barattoli.

● Dove? Qui non c'è niente.

○ Allora dev'essere nel primo cassetto, di fianco alla credenza.

c.

● Pietro, scusa, dove sono le sigarette?

○ Guarda... sono sul tavolo dello studio, accanto al computer.

● Va bene, ma... dov'è lo studio?

○ Ah, scusa. È di fronte alla porta d'ingresso.

d.

● Scusa, dov'è il bagno?

○ È l'ultima porta in fondo al corridoio, sulla sinistra...

e.

● Hai visto la mia giacca? Quando sono arrivato l'ho lasciata su una sedia in salotto, e adesso non c'è più...

○ Certo, l'ho portata in camera mia, sul letto.

10

sotto	sinistra	passare	cosa
ingresso	assaggiare	spesso	riso
chiuso	permesso	usare	buonissimo
adesso	ingrassare	passeggiata	paese
stesso	qualcosa	successo	essere

UNITÀ 19

4

a.

● Oddio, quant'è brutto!

○ È orrendo! E chi te l'ha regalato?

b.

● È carina...

○ Carina, sì... molto classica...

c.

● Che buono!

○ Sì, è saporito... proprio buono!

d.

● Quant'è grande!

○ Sì, è enorme!

e.

● È bella, no?

○ Mah, sì, è carina.

9

● Cos'hai fatto oggi pomeriggio?

○ Sono andata al cinema con Gianni. Abbiamo visto un film noiosissimo. Tu che cos'hai fatto?

● Sono andata in Centro a fare spese. Sai, adesso ci sono i saldi, e si trovano un sacco di occasioni.

○ E che cos'hai comprato di bello?

● Mah... Veramente tutte cose che mi servivano da tempo. Solo che lavoro sempre e non posso mai uscire. Guarda. Ti faccio vedere... Allora... Questa giacca... L'ho presa verde perché ho una gonna marrone da metterci sotto. Ti piace?

○ Molto. E non hai preso anche una camicia?

● Sì, quella a righe... Là sul letto. Non quella rossa, l'altra.

○ Carina. E anche queste scarpe sono nuove?

● Sì. Pensa che le ho pagate solo 55.000 lire. Perché non te ne prendi un paio anche tu?

○ Ma io non porto mai i tacchi...

● Ma ci sono anche basse. Ti conviene andare a vedere...

13

1.

compleanno	nonna	inutile	carino
autunno	tonno	cucina	sonno
tenere	vino	parmigiano	gennaio
telefono	prenotare	penne	Capodanno

2.

luminoso	comodo	mamma	femminile
camera	momento	pomodoro	ammirare
commissione	cinema	fumare	elemento
camminare	domani	cammello	Tommaso

UNITÀ 20

5

● Che desidera?
○ Volevo una bottiglia di acqua minerale.
● Gassata?
○ Sì.
● Poi?
○ Poi mi dia… un chilo di zucchero e un pacco di uova.
● Un chilo di zucchero… un pacco di uova…
○ Sì, eh… poi volevo dei biscotti…
● Sono lì, li può scegliere… *then can choose*
○ Mmm… Non ha i savoiardi?
● Savoiardi… no, sono finiti…
○ Va be' allora niente.
● Basta così? Pane? Vino?
○ No, no, grazie, basta così.

7

a.

● Mi dà il Corriere della Sera?
○ Oggi non esce. È in sciopero.
● Allora… mi dia La Repubblica.

b.

○ La stanno servendo?
● No. Volevo vedere un paio di jeans.
○ Sì. Vieni che ti faccio vedere… Allora, abbiamo i…
● Aspetta… Aspetta… ci sono neri?
○ Neri, neri… sì, elasticizzati.
● Va bene. Me li fai provare?
○ La 42 va bene?
● No, meglio la 44.
○ Ecco. Li puoi provare lì in fondo.

c.

● Mi scusi…
○ Sì?
● Eh… volevo un'informazione per favore. Quanto viene quella giacca che è in vetrina?
○ Quella nera?
● Eh… no, quella a righine, da donna.
○ Quella è di Moschino, viene 600.000 lire.
● Grazie.

d.

● Prego?
○ Vorrei qualcosa per il mal di gola.
● Che cosa? Uno sciroppo, delle caramelle…
○ Beh, ho anche la tosse…
● Uno sciroppo allora. Ecco, ne prenda un cucchiaio la sera.
○ Grazie. Quant'è?
● Sono quattromila e cinque… Ha 500 lire?
○ Sì…ecco…
● Allora… sono quattromila, cinque, e cinque dieci.
○ Ecco…grazie. Arrivederci.
● Aspetti! Lo scontrino.

9

● Buongiorno
○ Buongiorno signora. Mi dica.
● Volevo un po' d'insalata…
○ Quale?
● Mah, mista. Mi dia una lattuga e un'indivia… e anche un pomodoro…non troppo rosso.
○ Allora… Una lattuga… un'indivia… e un pomodoro.
● Sì, e della frutta… Mezzo chilo di pere e uno di mandarini… Ah, e anche tre banane.
○ Vuole altro?
● No, non mi sembra. Aspetti… queste arance sono dolci?
○ Sì signora, sono belle rosse. Guardi, senta pure… sono belle mature… Quante ne voleva?
● Quanto le fa al chilo?
○ Due e otto.
● Mah… faccia due chili.
○ Due chili di arance. Ecco qua… Basta così?
● Sì grazie. Se mi può dare una busta…
○ Ma certo. Allora… sono tredicimila e otto.
● Ecco.
○ Tredici e otto, quattordici, quindici, e cinque venti. Trenta. Quaranta e cinquanta. Grazie.
● Grazie a lei. Buongiorno.
○ Arrivederci. Aspetti che le apro la porta…
● No grazie, ce la faccio.

12

● Buongiorno, la stanno servendo?
○ No.
● Mi dica…
○ Eh…Io volevo vedere delle scarpe che sono in vetrina…
● Me le fa vedere?
○ Sì… Ecco, vede quelle là nere…
● Sì, che numero?
○ Quarantadue.
● Si accomodi. Come vanno?
○ Sono strette…
● Vuole provare il quarantatré?
○ Ecco, sì, grazie, guardi è meglio.
● Gliele vado subito a prendere. Queste vanno meglio?
○ Sì, ma forse… hanno il tacco un po' troppo alto per me… Senta… Quelle vicino a queste in vetrina…
● Quelle di pelle?
○ Sì.
● Ma quelle hanno il tacco più alto di queste!
○ Sì, ma non importa… Quelle quanto vengono?
● Quelle… Sessanta.
○ Eh, no, eh, no, troppo eh! Non c'è qualcosa di estivo che costi meno?
● Beh, sì, abbiamo tanti modelli… Adesso le faccio vedere qualcosa eh?… Allora, ci sono questi mocassini…
○ No, no, non mi piace il colore… Non si capisce nemmeno che colore sia…
● E… poi ci sono queste con i lacci…
○ Ecco, queste sono carine… Ma è il 43!?!
● Beh, prima ho dovuto prendere il 43…
○ No, no, io porto il 42! Eh! Il 43 mi sta grande!
● Lo provi, e se le sta grande le vado a prendere il 42.

○ Eh, no! Lei prenda il 42, e se mi sta piccolo poi provo il 43...

● D'accordo... Ecco il 42... Come vanno?

○ Non mi entrano. Sicuramente è un modello strano... Altrimenti non si spiega... Io porto il 42, sono sicuro... e poi comunque queste sono troppo chiare... Mi faccia vedere quelle lì, quelle con il cinturino...

● Di quelle mi dispiace ma il 42 è finito. Se vuole provare il 43...

○ Ma come?! È finito il 42? Ma com'è possibile? Scusi, eh, sa, ma un negozio serio deve avere tutti i numeri disponibili!!

● Può provare il 43, può darsi che...

○ Ah, no, eh, proprio no! Tornerò quando avrete tutti i numeri disponibili. Arrivederci.

13

1.

abbiamo	abitare	mobile	abbastanza
arrabbiato	pubblico	subito	problema
repubblica	automobile	libro	nebbia
fabbrica	francobollo	sabato	febbraio

2.

cappello	lampada	appartamento	tipico
tappeto	aeroporto	ripetere	sopra
dopo	appuntamento	troppo	rapporto
sopportare	cappotto	pepe	antipasto

UNITÀ 21

3

● ... Mah, sì, io ero un po' lontano... Uno giovane, in maglietta... sui 25 anni, coi capelli corti, lisci mi pare... Né alto né basso... Ah, e aveva pure il cappello...

● Io ero dentro la banca. L'ho visto bene. Era un uomo giovane, tra i 25 e i 30, con la bocca sottile e i capelli... castani, credo. Quando è entrato aveva occhiali da sole e cappello. È andato verso la cassa...

● ... Io l'ho visto, è scappato con un altro su una moto, e aveva gli occhiali da sole. Mah, avrà avuto più o meno 30 anni, capelli scuri, altezza media... Quello che guidava la moto aveva una giacca di pelle...

● Mah... era uno coi capelli ricci, è salito sulla moto che lo aspettava. Non l'ho visto bene in faccia... Sarà stato alto 1 e 75... Era in jeans e maglietta.

12

● Ecco, eh... questa è la foto di Cristina. Purtroppo non è una foto molto recente. Quando è scomparsa Cristina aveva i capelli corti, e li aveva tinti di rosso... Cristina è alta un metro e settanta... Abbiamo qui la sorella. Signorina, ci può dire cosa indossava sua sorella al momento della scomparsa?

○ Sì. Portava un maglione nero, jeans chiari, scarpe da ginnastica... e un giubbotto a fiori... Ah, aveva anche uno zainetto a righe bianche e nere...

● Eh... prima mi diceva che Cristina ha, diciamo, un piccolo segno di riconoscimento, vero?

○ Sì. Ha un neo scuro, abbastanza grande, sulla mano destra... Qualcuno deve averla vista, dico io, mia

sorella è una ragazza che si nota, estroversa, simpatica...

● Signorina, abbia fiducia, vedrà che sicuramente qualche telespettatore...

17

1.

sigaretta	finito	posate	aiuto
cornetto	settimana	attrice	architetto
trattare	biscotto	simpatico	dato
lato	letto	tentato	pizzetta

2.

sedersi	medico	vedere	radio
armadio	quadro	addio	addormentarsi
sedia	contraddizione	chiedere	freddo
crudo	raffreddore	chiudere	andare

UNITÀ 22

6

● E tu che hai fatto?

○ Io sono stata in campagna.

● Dove?

○ Vicino Foligno.

● Ah, bello. Mi piace Foligno. Ci sei andata con i tuoi amici?

○ No, no. Avevo voglia di stare da sola.

● E che facevi? Come passavi la giornata?

○ Beh, sai, le giornate erano tutte uguali. Mi alzavo tardi, verso le 11 o mezzogiorno. Poi facevo una buona colazione e passeggiavo fino al paese vicino... Compravo il giornale... Facevo la spesa. A volte andavo a trovare qualcuno che conosco, e poi tornavo a casa.

● E non ti annoiavi?

○ No, mai, avevo tante cose da fare. Leggevo, ascoltavo la musica, cucinavo...

● Beata te! Io non sopporto la solitudine...

8

● Dunque signor Spagnoli, lei fino a un mese fa lavorava in una casa editrice. Di... cosa si occupava esattamente?

○ Beh, all'inizio dovevo solo occuparmi della contabilità. Sa, avevo appena preso il diploma da ragioniere. Poi però ho iniziato a fare anche altre cose. Quando mi sono licenziato, per esempio, mi occupavo dei contatti con le altre imprese.

● E perché si è licenziato? Quel tipo di lavoro non le interessava più?

○ Beh, no. Non esattamente. Il lavoro era abbastanza interessante, ma non era quello che volevo fare io. Nel vostro annuncio cercavate una persona per le pubbliche relazioni e allora...

● E... Sì. Conosce altre lingue?

○ Parlo bene l'inglese. Quando andavo a scuola ogni anno facevo una vacanza studio in Inghilterra.

● Quindi le piace viaggiare...

○ Molto. Anche per turismo. Prima, diciamo fino a 2 anni fa, viaggiavo molto. Poi ho avuto un figlio...

● Va bene, grazie. Allora la chiamiamo noi la settimana prossima per una risposta...

10

a.

stanza	stupido	sport	sbagliare
sbucciare	scappare	sgarbato	scatola
scusa	slavo	smoking	spaghetti
sbattere	sbrigarsi	statua	stella
sfera	scarpa	spagnola	slanciato

b.

stanza	stupido	sport	sbagliare
sbucciare	scappare	sgarbato	scatola
scusa	slavo	smoking	spaghetti
sbattere	sbrigarsi	statua	stella
sfera	scarpa	spagnola	slanciato

UNITÀ 23

9

● Quando sono salita non c'erano molte persone, ho… ho preso la mia borsa, ho tirato fuori il biglietto e…
○ I biglietti li aveva nel portafoglio?
● Sì. Li tengo sempre nel portafoglio per essere sicura di non dimenticarmeli… E… poi quando sono scesa avevo freddo e volevo prendere un cappuccino. Allora sono entrata in quel bar, ma… quando sono andata a pagare ho visto… che non avevo più il portafoglio.
○ Hm… aveva molti soldi?
● No, non molti, solo che c'erano tutti i documenti.
○ Ha detto che c'erano molte persone sull'autobus, vero?
● No, poche. Dopo qualcuno e sceso, c… poi è salita… una signora con la borsa della spesa…e poi… non so, non mi ricordo.
○ E si ricorda invece di quelle che c'erano quando lei è salita?
● Beh, di tutte no. Però… però eh, eh…vicino alla porta c'era un ragazzo che non mi piaceva molto, sembrava… sembrava distratto, guardava fuori ma…ma forse ha visto il mio portafoglio…
○ Com'era? Lo può… descrivere?
● Era piuttosto alto… moro… capelli ricci… Non era giovanissimo, fors… forse aveva anche più di 30 anni. Portava una giacca di velluto e teneva in mano una sigaretta spenta. È sceso prima di me.
○ D'accordo signora. Venga. La accompagno a fare la denuncia al commissariato.

UNITÀ 24

4

a.

● Ingegnere… Permesso? Buonasera.
○ Ah, buonasera, mi dica.
● Volevo parlarle di quel progetto…
○ Ah, sì… Che ne pensa se ne parliamo una di queste sere?
● Volentieri. Quando? Mi dica lei…

○ Non so, domani sera le va bene?
● Domani?... Martedì... Sì, va bene.
○ Allora la aspetto qui in ufficio domani sera alle nove.

b.

● Pronto?
○ Marina?
● Sì?
○ Ciao, sono Velia, come stai?
● Bene, grazie, e tu?
○ Bene.
● I bambini?
○ Stanno bene, grazie.
● A proposito, sabato prossimo andate fuori?
○ Non credo proprio, perché?
● Vi volevo invitare alla festa di Stefania. Ci saranno altri bambini.
○ Ah, grazie, non credo che abbia… che abbiamo altri impegni.
● Bene, allora vi aspetto verso le 5, va bene?

c.

● Risponde la segreteria telefonica di Marisa e Carlo de Chiara. Siamo momentaneamente assenti. Potete lasciare un messaggio dopo il segnale acustico.
○ Sono l'infermiera del dottor Carlucci, volevo avvisare che l'appuntamento con il dottore è stato spostato dal giorno 23 aprile alle ore 16.00 al giorno 24 aprile alla stessa ora. Se ha qualche problema la prego di richiamare. Buona sera.

d.

○ Pronto?
● Marco? Stai lavorando?
○ No, no, dimmi.
● Volevo chiederti che fai stasera…
○ Stasera…? Niente, perché?
● Vuoi venire a giocare a tennis? Siamo in tre e ci manca il quarto.
○ Sì, sì, volentieri. A che ora giocate?

11

b.

1. Vorrei vedere un paio di pantaloni di velluto.
2. Buongiorno, posso parlare con Elio?
3. Sono per lei?
4. Senti, Giulia sta facendo la doccia.
5. Ho dormito tutta la mattina.
6. Avete visto Filippini?
7. Sì, ma dev'essere un po' timido.
8. Lo sai che si è sposato Maurizio?
9. Quando avevo otto anni ero una bambina tranquilla.
10. Con chi è partita?

Finito di stampare
nel mese di settembre 1997
dalla TIBERGRAPH s.r.l.
Città di Castello (PG)